U0817494

中国大学评价的理论与实证研究

王伟伟　李兴国　著

燕山大学出版社
2020 · 秦皇岛

图书在版编目（CIP）数据

中国大学评价的理论与实证研究 / 王伟伟，李兴国著. —秦皇岛：燕山大学出版社，2020.7

ISBN 978-7-81142-983-1

Ⅰ. ①中… Ⅱ. ①王… ②李… Ⅲ. ①高等学校—学科建设—研究—中国 Ⅳ. ①G642.3

中国版本图书馆 CIP 数据核字（2020）第 010774 号

中国大学评价的理论与实证研究

王伟伟 李兴国 著

出 版 人：陈 玉
策划编辑：李 冉
责任编辑：李 冉
封面设计：刘韦希
出版发行：燕山大学出版社 YANSHAN UNIVERSITY PRESS
地 址：河北省秦皇岛市河北大街西段 438 号
邮政编码：066004
电 话：0335-8387555
印 刷：英格拉姆印刷(固安)有限公司
经 销：全国新华书店

开 本：700mm×1000mm 1/16 印 张：12.25 字 数：165 千字
版 次：2020 年 7 月第 1 版 印 次：2020 年 7 月第 1 次印刷
书 号：ISBN 978-7-81142-983-1
定 价：48.00 元

版权所有 侵权必究
如发生印刷、装订质量问题，读者可与出版社联系调换
联系电话：0335-8387718

序

2015年10月24日，国务院印发了《统筹推进世界一流大学和一流学科建设总体方案》，提出“双一流”建设的指导思想要“坚持中国特色、世界一流”“建立健全绩效评价机制，积极采用第三方评价，提高科学性和公信度”。2017年1月，教育部等三部委印发《统筹推进世界一流大学和一流学科建设实施办法（暂行）》。2017年9月21日，教育部等三部委正式公布“一流大学”建设高校（42所）、“一流学科”建设高校（95所）及世界一流建设学科（465个）名单。各省份也纷纷出台了本省的“双一流”建设方案，“双一流”建设正式进入实施阶段。在“双一流”背景下，以大学排名为主要形式的大学评价日益受到高校和社会的广泛关注。

本书共计四章，约16万字，其中约10万字由王伟伟负责撰写，约6万字由李兴国负责撰写。第一章为大学评价的综述，第二章为大学评价的影响，第三章为“双一流”背景下的学科评价，第四章为大学评价的优化。每章涵盖一个研究领域，每节选取一个研究重点，这些研究重点既是笔者对这些问题进行细化研究的体现，也是工作和研究成果的集中展示。本书既注重在常规理论分析的基础上有所创新（如提出大学知名度等），又注重实证研究（如对一流大学的学科评价等），具有很强的针对性和参考性。

大学评价是什么？作用怎样？研究现状如何？这是我们必须首要回答的问题。在总述大学评价的相关概念、积极与消极影响以及理论与实践研究现状后，通过文献计量分析方法对2002－2014年发表在17家高等教育类全国中文核心期刊上的大学评价科研论文进行了统计分析，试图全方位、多角度探寻大学评价领域的研究现状及其发展趋势，为促进大学评价研究的科学和持续发展提供参考依据。

大学评价作为一种社会现象客观存在，有其必然性，且影响力越来越大，已经对高等教育机构及学生、大学、政府、社会等利益相关者产生重要影响，改变了高等教育风景。本章围绕大学评价对 ESI 指标、大学知名度、大学招生、高校录取分数线与大学合并的影响分别展开研究。

学科是建设世界一流大学的核心，只有建设一批世界一流学科，才有可能建成世界一流大学，而要建设世界一流学科就必须认清现有学科与世界一流水平的差距，将学科放到世界范围内来进行比较。本书以当前世界范围公认的较权威的学科绩效评估工具 ESI 作为数据来源，分别对普通高校、世界一流大学以及地方高水平大学的学科建设现状与建设绩效进行实证分析。

按照高等教育分层分类的指导思想，宏观上，在分析了当前国内大学评价体系普遍存在的问题的基础上，提出具体的改进对策；微观上，分别对工信部直属高校、教育部直属财经类高校、地方高水平大学、河北省重点高校的学科建设进行研究并提出发展对策，为制定和完善具有中国特色的世界一流大学和一流学科评价体系、推进不同类型高校的学科发展提供参考。

本书的顺利完成离不开国内外该领域专家学者的前期成果，已将引用或参考过的文献在文后一一列出，在此对各位专家学者致以最诚挚的谢意。同时，感谢李兴国老师的辛苦付出。

此书是对“中国大学评价的理论与实证”的初步探索，虽在写作过程中已竭尽全力，但难免有疏漏之处，请各位专家、读者批评指正。

王伟伟

2020 年 2 月 29 日

目　录

第一章　大学评价的综述

中国大学评价是在我国高等教育大众化的背景下，为满足社会对高等教育质量的要求，在对大学进行排名的基础上形成的。其不仅对学生、大学和政府产生积极影响，也存在学科间的不均衡发展、重数量轻质量以及同质化发展等潜在不良影响。时至今日，大学评价已作为一种社会现象客观存在，应当理性分析并合理使用评价结果。通过对大学评价相关概念、影响、理论与实践研究以及相关文献的计量分析，全方位、多角度探寻大学评价领域的研究现状及其发展趋势。

第一节　大学评价概述

大学排名最早可追溯到 1870 年，当前学界广泛关注和讨论的大学评价则始于 1983 年的《美国新闻与世界报道》的“美国最好大学”排名。截至目前，国际上凡是高等教育规模较大的国家大多有大学排名，大学排名已发展形成由多机构参与、服务于多个目的的多个排名体系共存的局面。中国大学评价是在我国高等教育大众化的背景下，为满足社会对高等教育质量的要求，在对大学进行排名的基础上形成的。

一、大学评价与大学排名

“评”是评判、评审，“价”是与价值相关，评价可以界定为引出或者阐释某事物的价值。美国学者格朗兰德（N.E.Gronlund）曾用一个简单的公式对评价作了形象的说明：“评价=测量（量的记述）或非测量（质的记述）＋价值判断”[1]。

大学评价从源头上可以追溯到教育评价。教育评价是对教育活动满足社会与个人需要的程度进行价值判断的过程。依据评价主体的不同，教育评价可以分为政府评价、高校评价与社会评价。政府评价包含教育行政部门组织的工作评级与体现政府行为导向的高校重点建设项目评定等内容；高校评价是高校内部进行的自我评估；大学社会评价是“除政府和大学之外的社会力量对大学的人才培养、科学研究与社会服务等满足社会需要的程度作出价值判断的活动。依据评价主体、客体、标准及程序的差异，大学社会评价可分为评议、排行和认证三种基本类型”[2]。评议是普遍的个人评价，具有随意性、零散性；排行较评议更规范，是当今世界各国最普遍、最通用的大学社会评价；认证是“经相关部门认可或授权的第三方机构，它们依据统一的评价标准，按照严格规范的认证程序，认定被认证院校或专业是否达到最基本的标准要求和合格水平，作出是否获得‘鉴定通过’的认定”[2]。它是最规范的社会评价类型，是发达国家普遍采用的一种评价模式。大学认证在我国发展相对缓慢，只有工程类的专业认证初具规模，其他学科认证仍处在探索中。

大学评价是“根据一定的目的、依据相关标准对高等教育整体或者个别机构进行客观全面科学的评价和界定，从而据此提出整改措施和发展目标的过程”[3]。大学评价热衷于将评价结果以排名的形式展现在大众面前，是对大学各方面发展的具体化、数字化的描述，是一种集方法的客观性与价值判断的主观性于一体的大学的综合评价，能够以直观的形式量化大学的实力，富有冲击力，能起到鲜明直接的比较作用，容易引起广泛的关注或争论，进而影响大学的声誉及利益，因此不仅为评价机构所热衷，也容易受到大学的普遍重视。大学排名已成为我国大学评价的主要方式，正如翟亚军所说，“高等教育正处在排行榜的时代”[4]。

大学排名，又称大学排行榜，是对大学进行评价的一种主要方式，关于其内涵尚无统一的界定。辛彦怀和胡小元认为，“大学排名就是基于某种需要，依据特定标准，采用一定方法对反映大学状况的基本要素进行评价，并按评价结果与评价标准的接近程度，对大学进行排序的活动”[5]；黄欣和吴志功认为“大学排名是对大学质量进行的或综合或单项的排序”[6]；刘念才等认为“大学排名是一些社会机构（主要指新闻和网络媒体、大学、研究所等学术机构），按照各大学的相对水平，对其进行‘质量评定’，评定指标来自大学或公共部门所发布的数据以及一些主客观指标”[7]。

2006 年 5 月 18 日，大学排名国际专家组第二次会议在柏林举行，与会专家一致通过了高等教育机构排名的柏林原则。该原则共有 16 项，主要从排名的目的、数据收集与处理、指标设计与权重、结果公布等 4 个关键方面进行了规定，以作为对高等教育机构进行排名需要遵守的共同准则，这被认为是大学排名在国际层面走向规范化、秩序化的标志。

美国对大学排名有严格的准则要求，需要满足 3 个条件：“一是必须根据编制者确信能够测量或反映大学学术质量或教育质量的某些准则或某一套准则编制的‘最佳大学’院校名单；二是必须按编制者预设的指标，以量化形式为大学排出顺序。其中，每一所大学都必须有自身的位次；三是必须公开大学排序所用的方法及其数据来源。”

二、大学评价的影响

大学评价是一把双刃剑，近年来颇受学界和社会热议。正如刘念才所说，“在过去几年里，大学排名已经引起了高校领导、研究人员和政策制定者的关注……但不是所有的人都会积极地看待排名”[7]。大学评价的影响力不断扩大，其作用不仅仅是为学生提供简单直观的大学信息，对大学和政府规划与决策也产生了深远的影响。大学评价的实质就是对大学做出的一种价值判断，用数字来量化高校价值，难免会出现偏差，可能会导致学科之间的不均衡发展、重数量轻质量以及同质化发展等潜在不良影响。

（一）大学评价的积极影响

大学评价为需求者提供有效信息。当今世界已进入创新驱动时代，社会对高等教育的诉求日益增长，需要媒介帮助社会了解快速发展的高等教育。通过对大学进行比较评价，可以产生大量有价值的教育信息。根据这些信息，政府可以清晰地了解本国高等教育的发展情况及其在世界高校中的相对位置，并据此制定出促进本国高等教育发展的政策，确定教育投入分配等；大学校长可以适时制定和调整发展战略；教师可以考虑自己的职业如何选择；学生和家长也可以选择学校，“在中国有 48.5%的学生和 50.5%的家长将排名作为选择大学的重要参考依据”[36]。大学评价已成为高等教育市场的指南。

大学评价可以为大学提供发展参考，促进大学发展。大学评价在一定程度上如同晴雨表，可以反映出大学的实际变化，有助于学校了解自身实际，进行自我评估，通过与其他高校的比较找到差距，并有针对性地采取提升措施，走特色发展之路。许多高校将提升大学排名作为发展的直接目标，有调查显示，“58%的大学校长和高级管理人员对本校排名不满，有 93%和 82%的调查者希望提升本校在国内与国际上的排名”。浙江大学在《“十三五”发展规划纲要》中明确提出“至少在两个以上权威世界大学排行榜中进入前 100”。高等教育与其他领域一样适用竞争法则，每所大学都要向政府申请争取办学及科研经费，都要争夺市场资源和社会支持。大学评价是以公共性强、共识度高的可量化指标为依据，运用较为客观的数据直接激发大学间的竞争。为了在竞争中获得优势，每所大学都会扬长避短，采取相应措施，形成大学内部的良性竞争机制，促进自身快速健康发展。

当前，大学评价也可为一流大学建设提供综合性参考。以世界大学排名为例，不同的世界大学排名评价体系具有不同的特点，在评价对象、评价指标、权重赋值和数据来源等方面都存在较大差异，其声誉调查、同行评议评价指标为我国建设世界一流大学带来启示。

（二）大学评价的潜在不良影响

大学评价易导致高校的非均衡发展。通过对各大学评价指标体系的分析发现，呈现出重视与科研相关的指标以及突出理工学科的特点。首先，教学、科研与社会服务是高等教育的三大基本职能。科研是大学使命的一部分，但不是全部，过多关注科研，对教学工作的重视程度就会降低。大学既是科研的场所，也是施教的场所，二者同等重要。排名结果会使人们认为，位次靠前的大学自然具有更高的教学和科研创新能力，对社会贡献更大。事实上，排名靠前的大学也并不是在所有的领域和职能上都能做到最优；位次在后的大学也可能在某些方面表现不俗，有骄人的成绩。以 US News 指标体系为例，其科研指标的权重高达 75%，在这种科研导向作用下，若一所学校想要提升自己的排名，大学相关领导者只需在科研上投入更多，效果就会立竿见影，这样就会蕴藏着巨大的风险。其次，各排名评价体系均突出理工学科，对人文社会学科的评价有失公允。人文社会学科具有较强的本土化特性，在世界范围内难以达成共识，再加上国际上有影响力的人文社会类文献较少，且语言多为英语，如 QS 排名体系中就没有设置利于人文社科的文献来源，而我国人文社科领域的学者外语论文产出量相对较少，多为中文论著，我国大学在这一领域的实力就无法充分在世界大学排名体系中予以体现，因此，高校往往会把更多的资源投向理工科来提高排名。

大学评价易使高校重数量轻质量。通过对大学评价指标体系的分析发现，如 THE 与 US News 大量使用总量类文献指标，意味着规模大的学校在大学排名中的排名易靠前。高校为了提升排名，需要尽可能多的提高自己的文献产出总量，为了追求文章数量、论文引用等指标的短期数量增加而急功近利，盲目地扩大规模，就易形成“唯数量论”和“形式崇拜”，忽视学校的内涵式质量提升。事实上，有些学科发展需要一定的历史积淀，很难在短时期内有较大规模的快速提高，否则容易违背学科发展规律。过于追求提高排名，可能会倾向于追求大学的大而全，如有些高校合并或设立医学类院系、与医院建立协作关系以及农学院的复兴等都折射出论文高产出学科规模扩张的倾向，这种规模导向的高等教育发展模式是对大学使命的曲解。

大学评价易导致大学同质化。大学排名评价容易使大学特色及文化内涵建设被忽视，导致大学同质化发展。过度关注评价结果会使大学为了提升排名而陷入恶性竞争，出现“应榜办学”现象，那些评价指标对应精准、排名名次靠前的大学往往会得到更多政策的支持和社会青睐，这就吸引其他大学模仿这些大学的发展战略规划、教学安排、学科设置等典型样板，各个大学的发展方向与模式就会基本相似，从而导致大学同质化发展。另外，大学排名评价体系对科学研究的注重使研究型大学成为世界一流大学的主要类型之一，推崇全球研究型大学模式，从而忽略了其他类型的大学，违背高等教育多元发展的价值需要，违背社会对一流大学和学科的多样性需求，久而久之就会削弱大学的个性化、特色化发展。

大学评价从客观角度为人们提供了一种观察和分析高等教育事业发展的视角，在这个角度上，我们可以去寻找差距。关于大学排名，教育部部长陈宝生认为，“尊敬排名，不为排名，重在走自己的路，建设中国特色的世界一流高等学校”。时至今日，我们不应再纠结于大学评价是否应该存在，而是应当重视如何正确看待大学评价，理性分析大学评价，合理使用评价结果，科学引导、促进大学评价的健康发展，使其真正成为引导、促进我国高等教育事业科学发展的重要力量。

三、大学评价研究综述

（一）大学评价理论方面

1.国外

大学排名指标体系、大学排名影响是国外学者研究的重要内容和方向。首先，大学排名影响研究围绕大学排名对大学、学生、资金募集及政府的影响展开。Jamil Salmi[8]（2007）在对多个国家的大学排名进行比较分析的基础上，指出大学排名应当有益于大学、政府、学生、家长和公众，并提出了相应的改进建议；Ellen Hazelkorn[9]（2008）指出，尽管大学排名会因方法缺陷被很多人抵制，但是它不会因为这些缺陷而被忽视，相反，大学排名已成为政府制定政策和学校制定战略的重要参考，并加速了高等教育的改革进程。关于大学排名的影响研究将在本章第二节做详细论述。

其次，大学排名指标体系研究主要围绕大学排名的指标设计、权重分配、数据选择等方面展开，且以实证研究为主。Grewal R.（2007）采用 Logit 模型权衡了 US News 不同指标体系对排名的影响，得出校友捐资对排名影响最小，毕业率对排名影响最大；StolzI 等[10]（2010）以高等教育机构排名的柏林原则为基准，从评价方法、透明性、消费者的友好性三个维度对欧洲 25 个大学排名进行了评价；M.H. Huang[11]（2012）深度讨论了 QS 排名体系的指标设计和权重设置存在的问题。

2.国内

大学评价的研究涉及面较广、研究较深入且研究国际化趋势日益明显。目前国内研究主要集中在国内与国外大学评价的特征与比较研究、大学评价的态度与应用研究、大学评价的科学性研究以及大学评价与“双一流”的关系研究等方面。

首先，国内与国外大学评价的特征与比较研究主要围绕国内与国外大学评价特征介绍、中外大学评价比较等方面展开。第一，特征介绍方面，郭立强[12]（2018）在对印度尼西亚大学排名系统介绍的基础上，分析其排名指标与排名运作的特点，并提出其在发展性评估理念、标准化评估工具、全员式结果共享的模式上的借鉴意义；第二，比较方面，杨天平等[13]（2014）选取国内外 12 个大学排名指标体系作为研究对象，通过比较各大学排名指标体系，寻求其共性与个性特征，探讨大学评价指标发展趋势；赵蓉英等[14]（2015）通过阐述四个主要的世界大学排名方法，从指标体系设计理念、内容涵盖度和排行榜稳定性三个维度对其进行详细对比，并对它们的差异性和稳定性进行比较分析；曾志嵘等[15]（2019）通过国内外 10 个大学排名的价值取向比较研究发现，大学排名以各自特定的价值理念影响着各利益相关方对高校办学水平与质量的判断。

其次，大学评价自出现之日起就热议不断，学者围绕对其的态度与如何应用展开研究。赵锋等[16]（2016）在对大学排名招致批判的原因以及存在的必然性进行分析的基础上，提出大学排名的发展之策；方泽强[17]（2016）认为对大学排名持守望与超越的理性态度才是应为之道；林建华[18]（2018）认为尽管大学排名有诸多问题和局限性，但的确为我们提供了很多大学发展状态的信息，如使用得当，是可以帮助我们发现问题的，需理性认识大学排名的作用。

再次，伴随大学评价种类的增多，评价的对象、内容以及方式趋向多元，大学评价的适用范围受到质疑，产生了关于大学评价的科学性研究。大学排名结果的可信度在很大程度上取决于大学排行的指标体系设计是否合理，学界从大学排名指标体系的指标选取、权重设置、评分标准、存在问题以及如何完善等角度展开研究的学者数不胜数。方卫东等[19]（2009）通过分析大学评价中线性加权的不足，利用效用理论，以“院士人数”指标为例，把指标中人数得分改进为效用得分，用边际效用递减规律推导出非线性的效用函数。在此基础上，考虑规模效益，进一步引入阻滞增长（Logistic）模型；申超[20]（2011）通过分析世界及中国主要大学排行榜的指标体系及其排名方法，发现大学排行中普遍存在如指标体系设计、数据的可得性、评价的影响因素、评价行为的监督等方面的问题，为此提出相关的发展建议；汤建民[21]（2016）提出衡量一个大学排行榜科学性和公信力的三个主要标准为：一是考察其评价指标体系是否公开，原始数据是否公开，或是能在多大程度上满足这种要求。二是考察其评价指标体系的科学性究竟如何。三是考察其历年排行榜制作活动过程的一致性程度；韩飞舟[22]（2016）认为，目前的多数研究没有正确认识和辩证处理大学的可排名性与复杂性之间的矛盾，使大学排行榜落入指标陷阱。大学排行榜实施的根本前提是依据大学职能定位的大学分类，而且大学排行榜只能是其价值观的体现，需要公布明确的使用目的和使用说明，在此前提下探索大学排行榜的合理指标结构；赵晓冬等[23]（2016）将数据统计与实证研究相结合，以“研究生培养评价”为例，对大学排名及其研究进行分析检验；田虎伟等[24]（2019）以 16 项柏林原则为基准，以武书连榜、校友会榜、邱均平榜、软科榜的相关排名方法资料为比较分析对象，逐项对照、分析比较，给予五级等距吻合度评判。

最后，“双一流”建设已进入正式实施阶段，大学评价与“双一流”的关系研究逐渐成为研究热点。岳文娟等[25]（2019）在客观分析世界大学评价体系的优点与局限性基础上，提出我国建设世界一流大学应该以学科为基础，强化大学职能，坚持特色发展，增强文化自信；赵国栋等[26]（2019）选取了 ARWU、THE、QS、RCCSE、USNWR 五个国内外具有较高知名度的评价体系，通过消解一级指标中各评价体系的价值偏好，运用比较二级指标中的指标权重和全球可比指标权重的方法进行分析，提出世界一流大学评价指标体系改进建议以及中国建设世界一流大学的启示；宫新栋等[27]（2019）梳理了国内外大学评价的发展历程及特点，从评价目标、评价类型和评价方法三个维度比较分析国内外大学评价体系的差异，归纳总结现阶段大学评价存在的主要问题，并阐述了完善学科建设评价工作的一系列对策。

（二）大学评价实践方面

1.世界大学评价体系

早在 20 世纪 80 年代，世界各国就已经致力于大学排名的实践。1983 年，《美国新闻与世界报道》对外公布了全球第一份大学排名，引起世界各国媒体、教育机构的极大关注，其他国家的新闻媒体紧随其后，以民间机构的名义发布了各种各样的大学排名，大学排名的潮流立刻风靡全球。世界大学评价体系较多，目前影响力较大的主要有：上海软科世界大学学术排名

（Academic Ranking of World Universities，简称 ARWU）、《泰晤士高等教育》THE 世界大学排名（The Times Higher Education World University Rankings，简称 THE）、英国 QS 公司世界大学排名（QS World University Rankings，简称 QS）和《美国新闻与世界报道》US News 世界大学排名（US News Best Global Universities，简称 US News）。这四个大学评价体系各有显著的特点，且较为科学和具有较高的公信力。

（1）《美国新闻与世界报道》US News 世界大学排名。《美国新闻与世界报道》是一家新闻媒体机构，成立于 1933 年，并于 1983 年开始进行大学排名。其曾于 2009 年与 QS 公司、英国《周日时报》、韩国《朝鲜日报》合作，研发了世界大学排名；2014 年 10 月 28 日，首次独立推出全球大学排名，兼具学术声誉与科研实力评价，并强调卓越性科研成果的重要性。此外，还推出了基于 22 个学科的全球大学学科排名，学科类型分为艺术与人文、软科学与硬科学。US News 最早的服务对象是给学生和家长提供选择大学的信息依据，此后在保留了这个功能的基础上，又逐步成为政府、雇主、大学和社会制定政策、了解大学发展状况的重要参考。其指标体系所采用的数据资料主要有主观和客观两个部分：主观数据主要是有关大学声誉调查的数据，客观数据主要由各院校自己提供，然后由专人对照学院委员会联合会等的调查，对统计结果加以补充、修正。近些年的排名指标中，客观指标的权重在逐渐加大，主观指标的权重在逐步降低。

（2）《泰晤士高等教育》THE世界大学排名。《泰晤士高等教育》的前身为《泰晤士报高等教育增刊》，2008年1月，《泰晤士报高等教育增刊》更名为《泰晤士高等教育》，以杂志的形式重新出版。2004年，《泰晤士报高等教育增刊》与英国QS公司共同发布了世界大学排名；2009年10月，因理念不同，《泰晤士高等教育》与英国QS公司终止合作，与汤森路透社签署合作协议，并于2010年9月发布了第一个世界大学排名。此外，《泰晤士高等教育》还推出了基于学科的世界大学学科排名、亚洲大学排名、新兴经济体大学排名和年轻大学排名等多种类型的大学排名。THE的主要目的是帮助各个国家、地区的学生甄别出不同大学之间的差异，进而从中选择更适合自己的大学。其数据资料主要有主观和客观两个部分，指标体系的特点为：一是注重全面系统地反映大学的整体实力。指标体系涵盖教育教学、学术声誉、科研影响力、国际化等诸多方面，从多角度评价大学实力；二是侧重大学科研实力和声誉考察。科研竞争力与科研影响力两项一级指标均分别设置30%的权重，共占60%，足见对高校科学研究的重视。科研影响力主要采用文章被引频次指标评价。在THE的二级指标中，科研声誉调查和教育教学声誉调查的权重分别占18%和15%，由此可见THE对大学声誉的重视。

（3）英国 QS 公司世界大学排名。成立于 1990 年的英国 QS 公司是一家从事学生留学、升学、就业的高等教育公司。2004—2009 年，QS 与《泰晤士高等教育》合作推出世界大学排名；2010 年，QS 公司改与《美国新闻与世界报道》、英国《周日时报》、韩国《朝鲜日报》合作，研发了 QS 世界大学排名，也是唯一一个获得联合国教科文组织（IREG）国际专家认证的排行榜。QS 还推出了基于 48 个学科的世界大学学科排名。QS 指标体系的特点：一是体现主、客观指标的均衡性。其指标设置中既包含了隐性指标的定性评价，又涵盖了显性指标的定量评价，并且各占 50%的权重。学术声誉和雇主声誉等主观定性指标解决了一些因素不可量化的问题；二是强调办学质量。由于师生比在一定程度上体现了教育投入，可以有效保证教学质量，QS 认为小班教学有利于每位学生都受到足够的重视与关注，从而有更多与教师交流与讨论的机会，所以

QS 在教学方面对师生比赋予了较高权重，为 20%。

（4）上海软科世界大学学术排名。上海软科教育信息咨询有限公司（简称“上海软科”）成立于 2009 年，是一家从事国际教育信息的研究开发与咨询服务的专业化企业，其推出的世界大学学术排名（ARWU）是全球最具影响力和权威性的大学排名之一。ARWU 最早于 2003 年 6 月由上海交通大学“世界一流大学研究中心”发布，也是全球首先公开发布世界大学排名的机构，主要针对综合性大学尤其是理科和工科大学的科研成果和学术能力进行评价。2009 年起，ARWU 由上海软科承接。其世界大学排名主要包含世界大学学术排名、世界大学学科领域排名（共分为理科、工科、生命、医科和社科五大学科领域）、世界一流学科排名（共覆盖 54 个学科）。ARWU 建立的最初目的是数据化呈现中国大学与世界一流大学间的距离（尤其是科研差距），客观呈现中国大学在国际大学体系中的位次，目前主要作为政府、大学、国际间留学人员了解中国大学办学水平的窗口，并成为政府和高校制定政策的重要参考，引导中国大学向世界一流大学看齐。ARWU 指标体系的特点：一是排名体系中所有的数据都来自第三方，数据完全是客观、可复制、可检验的定量指标；二是注重世界顶尖教育科研成果。通过教育质量和科研成果两项一级指标，以及获得诺贝尔科学奖和菲尔兹奖的校友折合数、在《Nature》和《Science》上发表论文的折合数、被 SCIE 与 SSCI 收录的论文数量三项二级指标可以看出，ARWU 尤为重视世界顶尖教育科研成果；三是注重大学的国际竞争力。ARWU 建立的最初目的是数据化呈现中国大学与世界一流大学间的距离（尤其是科研差距），客观呈现中国大学在国际大学体系中的位次。

表 1-1　世界四大排名评价指标体系及权重

大学排名	一级指标	二级指标	权重
ARWU	教育质量	获诺贝尔科学奖和菲尔兹奖的校友折合数	10%
	教师质量	获诺贝尔科学奖和菲尔兹奖的教师折合数	20%
		各学科被引用论文次数最高的科学家数量	20%
	科研成果	在《Nature》和《Science》上发表论文的折合数	20%
		被科学引文索引（SCIE）和社会科学引文索引（SSCI）收录的论文数量	20%
	师均表现	上述五项指标得分的师均值	10%
THE	教育教学	声誉调查	15%
		师生比	4.5%
		博士学位授予数 / 学术人员数比	6%
		机构收入	2.25%
		博士 / 学士学位授予比	2.25%
	科学研究	声誉调查	18%
		科研经费	6%
		科研生产力	6%
	研究影响力	引文影响力（标准化处理）	30%
	产业收入	知识转化	2.5%
	国际化	国际国内学生比	2.5%
		国际国内教师比	2.5%
		国际合作论文比例	2.5%
QS	学术声誉	学术声誉	40%
	雇主声誉	雇主声誉	10%
	师生比	教师 / 学生比	20%
	师均引用	师均引用	20%
	国际化	国际学生比例	5%
		国际员工比例	5%
US News	学术声誉	全球学术声誉	12.5%
		区域学术声誉	12.5%

（续表）

大学排名	一级指标	二级指标	权重
US News	科研成果	论文发表出版物	10%
		著作	2.5%
		会议	2.5%
		论文引用影响力（标准化处理）	10%
		论文总被引次数	7.5%
		被引频次在前 10%的论文数量	12.5%
		被引频次在前 10%的论文数量的占比	10%
		国际合作	10%
		高被引论文数（前 1%）	5%
		高被引论文数占比（前 1%）	5%

2.中国大学评价体系

1987 年 9 月，中国管理科学研究院以美国费城科学情报研究所公布的《科学引文索引》（SCI）为指标对我国 87 所重点大学进行了排名，这个大学排名虽然只有一个单项指标，但却是我国第一个严格意义的大学社会评价，具有划时代的意义。目前，国内知名度和影响力较高的大学评价体系主要有五个。

（1）教育部学科评估。学科评估是教育部学位与研究生教育发展中心（简称“学位中心”）按照国务院学位委员会和教育部颁布的《学位授予与人才培养学科目录》（简称“学科目录”）对全国具有博士或硕士学位授予权的一级学科开展整体水平评估。它是学位中心以第三方方式开展的非行政性、服务性评估项目。其优势在于使不同的学校进行同类学科的比较，可比性强，可信度高。学科评估平均四年开展一次，坚持“自愿申请、免费参评”原则，各单位具有博士或硕士学位授予权的一级学科（含一级学科和二级学科授权），均可申请参评。自 2002 年以来学位中心对具有研究生培养和学位授予资格的一级学科进行整体水平评估，截至 2017 年共完成了四轮，参加的高校一次比一次多。第一轮评估于 2002—2004 年分 3 次进行（每次评估部分学科），第二轮评估于 2006—2008 年分 2 次进行，第三轮评估于 2012 年进行。第四轮学科评估于 2016 年 4 月启动，评估指标体系保持“师资队伍与资源”“人才培养质量”“科学研究水平”“社会服务与学科声誉”四个一级指标框架基本不变，共设置人文、社科、理工、农学、医学、管理、艺术、建筑、体育 9 套指标体系框架，每个一级学科设置不同的权重；评估数据以“公共数据和单位填报相结合”的方式获取；评估结果按“分档”方式呈现（详见表 1-2）。评估结果为参评单位了解学科优势与不足、促进学科内涵建设、提高研究生培养质量提供了客观信息，为学生选报学科、专业提供了参考，同时也便于社会各界了解我国高校和科研单位学科内涵建设的状况和成效。该评估在媒体、学界、社会公众中产生了重要影响，成为我国系统组织并具权威性的学科评估活动。

表 1-2　教育部学位中心四轮学科评估概况

	第一轮（2002—2004 年）	第二轮（2006—2008 年）	第三轮（2012 年）	第四轮（2016 年）
评估目的	提高研究生培养和学位授予质量，宣传学科建设和学位与研究生教育成果，为学生求学和就业提供信息等	与第一轮类似	服务大局、服务高校、服务社会	服务大局、服务高校、服务社会
参评规则	具有一个以上（含一个）二级学科硕士或博士学位授权点的一级学科单位均可报名，各学科单位根据自己的实际参加评估	与第一轮相同	除与第二轮相同的条件外，评估按“新学科目录”进行，要求“拆分学科”，相关学科需同时申请参评	采用“绑定参评”规则，即：同一学科门类满足参评条件的学科须同时申请参评或均不参评（仅有“硕士二级”授权的一级学科除外）

（续表）

	第一轮（2002－2004 年）	第二轮（2006－2008 年）	第三轮（2012 年）	第四轮（2016 年）
参评情况	在80个一级学科中进行，共229个单位的1366个学科申请参评	在81个一级学科中进行，共331个单位的2369个学科参评	在95个一级学科中进行，共391个单位的4235个学科参评	在95个一级学科范围内开展（不含军事学门类等16个学科），共有513个单位的7449个学科参评

注：根据中国学位与研究生教育信息网资料整理而成。

（2）中管院评价体系。中国管理科学研究院（简称“中管院”）是我国最早开展大学排名的机构，早在 20 世纪 90 年代初就开始对国内大学排名进行实践探索。1991 年中管院《中国大学评价》课题组成立，由武书连牵头组织并负责。

1993年，课题组组长武书连等人在《广东科技报》上发表了《中国大学评价－1991研究与发展》，这是国内第一个以目标评价、定量评价为核心，对中国大学进行综合评价的大学排行榜。此次评价共涉及25项指标，其指标权重由全国203名专家确定。这是国内首次使用较大规模专家群体给定的权重作为各项评价指标的系数，也是国内首个涵盖自然科学和人文社会科学在内的综合评价。1997至1999年，课题组连续三年在《科学学与科学技术管理》期刊发表中国大学排行榜；2000年，在国内首推体现高校基本职能的大学排行榜《中国大学评价1998》，评价体系设置依据也由以往的“投入产出”改为“大学对社会的贡献”；2010年武书连等人发表了《2010中国大学评价》一文，正式公开该机构对大学评价的指标体系，且标出了评价的结构图以及公式与指标赋值，之后每年对三级指标进行修改，一直沿用至今。截至2019年，该机构已连续24年发布中国大学排行榜。

《2018 中国大学评价》以《中国高等教育法》为依据，设置了三级指标体系，一级指标 2 个：人才培养（63.06%）和科学研究（36.94%）；二级指标有 4 个：本科生培养（43.68%）、研究生培养（19.38%）、自然科学研究（25.17%）和社会科学研究（11.77%）；三级指标包括本科毕业生就业率、教师平均学术水平、研究生科研成果和国内引文数据库论文及引用等共计 47 项指标。

中管院评价体系的特点在于其指标体系完全透明且可重复。为了实现对理工农医文史等不同类型大学可以直接进行比较的目的，武书连提出一个基本假设：不同学科的研究人员平均具有相同的科研创新能力。正是基于上述基本假设，实现了不同类型大学之间的可比性。

表 1-3　中管院 2018 中国大学评价体系（单位：%）

一级指标	二级指标	三级指标	
人才培养（63.06）	本科生培养（43.68）	本科基础（18.50）	本科毕业生就业率
			新生录取分数线
			全校生师比
			本科毕业生数
		毕业生就业质量（13.70）	薪酬
			考研率
			出国率
			性价比
		教师水平（4.02）	教师平均学术水平
		教学保障（7.46）	规划教材
			虚拟仿真实验教学中心
			实验教学示范中心
			精品视频公开课
			精品资源共享课

（续表）

一级指标	二级指标	三级指标	
人才培养（63.06）	本科生培养（43.69）	教学保障（7.46）	本科专业综合改革试点
			教学名师
			卓越人才系列（本科）
			挑战杯全国大学生课外学术科技作品竞赛
			挑战杯全国大学生创业竞赛奖（本科）
			全国大学生数学建模竞赛奖
			全国大学生英语竞赛特等奖
			互联网+
			中国青少年科技创新奖（本科生）
			教学成果奖（涉及本科部分）
	研究生培养（19.38）	创新型研究生（15.73）	研究生科研成果
		应用型研究生（3.39）	全部硕士生折半
		研究生质量加分（0.25）	挑战杯全国大学生课外学术科技作品竞赛
			全国研究生数学建模竞赛奖
			全国大学生英语竞赛奖（研究生）
			中国青少年科技创新奖（研究生）
			卓越人才系列（研究生）
			教学成果奖（涉及研究生部分）
科学研究（36.94）	自然科学研究（理工农医）（25.17）	国内引文数据库论文及引用	
		国际引文数据库论文及引用	
		艺术作品	
		专利授权	
		专利转让	
		科学与技术奖	
		国家大学科技园	
		军工资质	

（续表）

一级指标	二级指标	三级指标
科学研究（36.94）	社会科学研究（人文社科）（11.77）	国内引文数据库论文及引用
		国际引文数据库论文及引用
		艺术作品
		专利授权
		高等学校科学研究优秀成果奖（人文社会科学）
		国家大学科技园

（3）艾瑞深中国校友会网评价体系。艾瑞深中国校友会网大学评价研究团队最早起源于中国管理科学研究院高等院校比较研究课题组。1989年该课题组发表了《我国重点高等院校科学计量多项指标排序及其分析》一文，在学界引起较大反响；2001年11月，艾瑞深中国校友会网（cuaa.net）正式建立，并以此为平台，与国内多家新闻媒体合作开展中国大学评价研究工作；2002年，蔡言厚教授领导的高等院校比较研究课题组重组，中国校友会网大学研究团队成立，蔡言厚教授任该研究团队的首席专家；2003年，该机构首次发布“中国大学综合实力排行榜”。截至2019年，已连续17年发布中国大学排名。

艾瑞深中国校友会网《2018中国大学综合评价》设立了四级评价指标体系，一级指标有3个，分别为人才培养（52.06%）、科学研究（31.85%）和社会影响（16.09%）；二级指标由教育教学（27.97%）、学科专业（10.88%）、杰出师资（13.21%）、科研成果（17.09%）、科研基地（6.99%）、科研项目（7.77%）、办学层次（1.17%）、社会声誉（10.49%）和国际影响（4.43%）等9项指标构成；三级指标包含教学水平（6.22%）、杰出校友（17.09%）、双创教育（3.11%）、德育教育（1.55%）、学科建设（6.99%）、专业建设（3.89%）、杰出师资（13.21%）、高端科研成果（17.09%）、科研创新基地（5.44%）、学术平台（1.55%）、基础科研项目（7.77%）、办学定位（1.17%）、社会/校友捐赠（6.22%）、生源质量（2.33%）、媒体影响（1.94%）和国际影响（4.43%）16项指标组成；四级指标由相关观测点组成。

艾瑞深中国校友会网2018年大学评价体系有以下特色：一是指标的设置更加突出校友、质量和影响，如社会影响一级指标占比为16.09%，杰出毕业生校友单项指标权重高达17.09%，这也是该评价体系区别于其他评价体系的最主要标志；二是指标的选取更加注重高端指标，放弃规模性指标。如高端科研成果单项指标权重高达17.09%，杰出师资指标权重达13.21%；三是以中国大学的人才产出和科学贡献为基准。

表 1-4　艾瑞深中国校友会网 2018 中国大学评价体系（单位：%）

一级指标	二级指标	三级指标	权重
人才培养（52.06）	教育教学（27.97）	教学水平	6.22
		杰出毕业生校友	17.09
		创新创业教育	3.11
		德育教育	1.55
	学科专业（10.88）	学科建设	6.99
		专业建设	3.89
	杰出师资（13.21）	杰出师资	13.21
科学研究（31.85）	科研成果（17.09）	高端科研成果	17.09
	科研基地（6.99）	科研创新基地	5.44
		学术平台	1.55
	科研项目（7.77）	基础科研项目	7.77
社会影响（16.09）	办学层次（1.17）	办学定位	1.17
	社会声誉（10.49）	社会/校友捐赠	6.22
		生源质量	2.33
		媒体影响	1.94
	国际影响（4.43）	国际影响	4.43

（4）中评榜评价体系。武汉大学中国科学评价研究中心（RCCSE）挂靠在武汉大学信息管理学院，中心负责人为国内计量学知名专家邱均平教授，该机构是我国高校中第一个综合性的科学评价研究中心。自2004年首次发布《中国大学及学科专业评价报告》（简称“中评榜”）起至今，已连续16年发布中国大学排行榜。该排行榜首次实现了分类评价，采用“综合+分类”评价方法，既有《中国本科院校竞争力总排名》，又将大学分为重点大学、一般大学、民办大学、独立学院和高职高专等五类，对每一类高校应用不同的评价指标体系单独排名。

以《2018中国重点大学竞争力排名》为例，该评价体系较为全面、系统，采用三级评价指标体系。一级指标由办学能力（15%）、科教产出（35%）、质量与水平（35%）、学校影响力（15%）四大指标构成；二级指标由教师队伍（4.5%）、教育经费（1.5%）、项目与平台（9%）、学生数量（7%）、学生获奖（10.5%）等13项指标构成；三级指标由杰出人才、研究生导师数、专任教师数、生师比等31个指标构成。

中评榜评价体系的特点是坚持分类评价、同类比较。以不同指标体系、不同权重、不同数据来源，对不同层次的大学分别进行评价，这也是其区别于国内其他大学评价体系的显著特征。

表1-5　中评榜2018中国重点大学评价体系（单位：%）

一级指标	一级权重	二级指标	二级权重	三级指标	三级权重
办学能力	15	教师队伍	4.5	杰出人才（院士、长江学者等）	0.9
				研究生导师数	0.9
				专任教师数	2.25
				生师比	0.45

（续表）

一级指标	一级权重	二级指标	二级权重	三级指标	三级权重
办学能力	15	教育经费	1.5	教育经费总额	0.75
				生均教育经费	0.75
		项目与平台	9.0	学位点数	1.8
				国家级科研基地	1.8
				国家自科基金项目数	1.8
				国家社科基金项目数	2.25
				教育部文化部等科研项目数	1.35
科教产出	35	学生数量	7.0	本科毕业生数	1.4
				研究生毕业生数	1.4
				留学生毕业生数	1.4
		学生获奖	10.5	国际性全国性竞赛获奖数	10.5
		科研成果	14	发表论文数	4.2
				发明专利数	2.8
				高被引著作数（社科）	3.5
				高被引论文数	3.5
		效率与效益	3.5	师均科研产出率	3.5
质量与水平	35	学生质量与水平	5.25	新生入学平均分数	2.625
				毕业生就业率	2.625
		教学质量与水平	5.25	教学成果奖	2.625
				课程及教材	2.625
		科研质量与水平	14	国家级省部级科技奖励	3.5
				论文被引数	7.0
				ESI 全球前 1%学科数	3.5
		学科质量与水平	10.5	优势学科数	10.5
学校影响力	15	学术影响力	6.0	国家双一流计划	6.0
		社会影响力	9.0	学校网络声誉	9.0

（5）上海软科评价体系。为“客观呈现中国大学在整体实力和关键办学指标上的特点与差异，为挑选大学提供可靠参考”，2015 年上海软科首次发布“中国最好大学”排名，随后每年初更新，截至 2019 年，该机构已连续发布 5 年中国大学排名。

2018 年上海软科“中国最好大学排名”指标体系中，首次引入“社会捐赠收入（5%）”来衡量大学人才培养的社会声誉，同时将“培养结果”指标权重由 15%降至 10%。指标类别共分 4 类：人才培养（45%）、科学研究（40%）、服务社会（10%）、国际化（5%）。具体指标共有 10 项：生源质量（30%）、培养结果（10%）、社会声誉（5%）、顶尖人才（10%）、顶尖成果（10%）、科研规模（10%）、科研质量（10%）、科技服务（5%）、成果转化（5%）和学生国际化（5%）。每个具体指标仅采用一个观测数据进行测量。

上海软科“中国最好大学排名”的特点：一是指标的选取抛弃了政府部门主导评选的一些指标，如院士、长江学者、国家重点实验室、自然基金项目等，而是从大学服务对象（学生、企业、教师）的角度选取；二是体系透明度较高，对各项指标的原始数据、数据来源、统计方法等均予公布。

表 1-6　上海软科 2018 中国最好大学排名评价体系（单位：%）

指标类别	指标名称	指标内涵	权重
人才培养（45）	生源质量	录取新生的高考成绩	30
	培养结果	本科毕业生的就业率	10
	社会声誉	学校基金会年度社会捐赠收入	5
科学研究（40）	科研规模	Scopus 数据库收录的论文数	10
	科研质量	学科标准化后的论文影响力	10
	顶尖成果	被引用次数位居各个学科世界前 1%的论文数	10
	顶尖人才	各个学科被引用次数最高的中国学者数	10

（续表）

指标类别	指标名称	指标内涵	权重
服务社会（10）	科技服务	企事业单位委托的科技经费数	5
	成果转化	大学技术转让当年实际收入	5
国际化（5）	学生国际化	学历留学生占在校生总数的比例	5

第二节　大学评价影响综述

大学评价作为一种社会现象而客观存在，其影响力和影响领域均日益扩大。国外研究注重大学评价对大学、学生、资金募集及政府的影响；国内研究侧重评述，注重大学评价对大学、学生及政府高等教育管理行为的影响。

一、国外研究综述

国外的大学排名基本上都是由民间机构组织开展的，第一个大学综合性排名《美国新闻与世界报道》自 1983 年起已 30 多年，开启了从社会角度评价大学的先河。综合而言，研究注重大学排名对大学、学生、资金募集及政府的影响。

首先，学者们从大学排名对大学有无影响入手展开研究。美国大学董事协会“排名对大学有无影响”的调查显示，有 76%的大学校长看重大学排名，20%的大学校长不关注排名，51%的大学还曾尝试过提高排名。由此可见，大学排名一定程度上正逐渐影响着高等教育的行为。另外，许多大学在制定发展战略时，都或多或少地受到大学排名的影响，更有甚者依据排名来制定大学发展目标。如奥尔胡斯大学的“进入世界百强”等口号。值得注意的是，有的学者曾就“大学排名对大学招生是否有影响”这一问题进行过专门研究。蒙克斯（Monks）和埃伦伯格[28]（Ehrenberg，1999）于1999年通过分析US News排名对29所大学招生录取情况的影响后得出，大学排名与学生申请数存在一定程度的相关性：排名靠后会促使该大学提高申请者的接收比例，相应的录取学生的质量就会下降，排名下滑，进入恶性循环。由于二者研究的局限性，之后，梅雷迪斯（Meredith M.）在其基础上扩大研究范围与内容，进一步证实了这一观点。

其次，大学排名对学生的影响集中体现于择校过程中的重要性上。在英国，艾克尔斯[29]（2002）发现60年代建立的大学尽管排名在下降，但申请人数并未因此而减少，由此说明大学排名并未影响学生的择校。美国一个教育研究机构[30]的调查显示，在择校过程中大学排名起到非常重要作用的比例由1995年的10.5%上升至2006年的60%；还有学者如迪尔[31]（Dill，2005）、克拉克[32]（Clarke M.，2007）等进一步对运用大学排名的学生类型进行了研究：那些成绩优异、家庭条件好、父母受过良好教育的家庭要注重大学排名的作用。Roberts和Thomson还发现，那些想要进入顶尖大学进行深造学习的学生会更倾向于使用大学排名。

再次，大学排名对资金募集的影响因研究方法或样本的不同，结果呈现差异。程术希[33]（2005）指出，无论是公立大学还是私立大学，学校每年的赠予都会与大学排名相关，只是相关程度不尽相同；而梅雷迪斯[34]（Meredith M.，2004）通过对US News排名的实证研究，提出排名并不会给大学捐赠带来非常重要的影响。

最后，大学排名对政府的影响主要体现于资源配置方面。如英国和新西兰政府以大学排名为依据来评估大学的绩效，即首先对大学研究产出进行等级评价，再依据等级进行资金分配。

二、国内研究综述

在国内，大学排名也得到了蓬勃发展，自 1987 年起已 30 多年，研究侧重评述，注重大学排名对大学、学生及政府高等教育管理行为的影响。

首先，在对大学的影响方面，通过对 100 所“211”大学关于“大学排名影响的评价”的调查显示，其中 89.47%的大学承认大学排名可以对它们起到激励的作用；张旺也指出，大学排名对大学的决策、人事、组织结构、资源、招生等方面都有影响。另外，在对大学招生的影响方面，徐和清[35]（2010）实证研究发现，大学排名中的部分指标得分并未起到对优秀考生的吸引作用。

其次，在对学生的影响方面，亦是集中体现于择校的作用上。乐国林和张丽[36]（2005）通过研究得出，有 45.8%的考生和 50.5%的家长在挑选大学的过程中会重点参考大学排名。

最后，大学排名对政府的影响已不容忽视，因大学排名通常由新闻媒体、研究机构或个人发布，相对独立，也不需要政府直接投资，各级政府尽管不支持大学排名，但大都会将大学排名作为评价大学质量的捷径，为政府决策提供参考依据，也在一定程度上引导教育资源的流向。

三、总结

在研究问题上，国内外研究的共同点都以大学排名对大学和学生的影响为主，不仅揭示了有无影响，而且进一步指出了有什么样的影响；不同点在于国外还关注大学排名对大学资金募集的影响，而国内则很少关注，这正是由高等教育体制的差异造成的。

在研究方法上，国内外研究的共同点在于都采用数据分析与观点陈述相结合的方式，不同点在于数据与观点的结合方式及数据获取方式上：国外研究多从社会调查数据出发而用数据表达结论，国内研究则多从观点陈述出发而用数据引证结论。

第三节　大学评价研究文献的计量分析

大学评价作为高等教育发展过程中的一种全球性现象，近年来引起了人们的广泛关注。自 1987 年《科技日报》刊载了由中国管理科学研究院对国内 87 所重点大学的排名后，对我国大学评价的研究开始兴起。此后 20 年间，先后有 20 家机构发布了近百个大学排行榜[37]。为全面深入分析我国大学评价研究现状，促进大学评价研究科学发展，本节对 2002—2014 年发表在 17 家高等教育类全国中文核心期刊上的大学评价科研论文进行了统计分析，试图通过文献计量分析方法，全方位、多角度探寻大学评价领域的研究现状及其发展趋势，为促进大学评价研究的科学和持续发展提供参考依据。17 家核心期刊分别为：《高等教育研究》《教育发展研究》《中国高等教育》《学位与研究生教育》《中国高教研究》《江苏高教》《高等工程教育研究》《黑龙江高教研究》《现代大学教育》《高教探索》《中国大学教学》《复旦教育论坛》《现代教育管理》《大学教育科学》《教育研究》《北京大学教育评论》《清华大学教育研究》。[38]

一、数据收集与研究方法

以中国知网全文数据库（CNKI）为检索依据，以“大学评价”或“大学排名”为篇名、主题、关键词，在限定的17家核心期刊范围内进行多次查询、检索，结果显示：最早的文献出现在1995年，但1995－2001年论文发表数量很少，年度仅为1～3篇，7年间共计发表论文12篇。自2002年起，大学评价研究开始升温，每年发表的论文基本在10篇以上。因此，本研究以2002－2014年发表的科研论文为研究对象。在检索结果中删除各类通知、学术会议介绍和书讯等非学术性文章，最终筛选出158篇与“大学评价”关系最为紧密的文献。将入选文献的篇名、摘要、作者、单位、来源期刊、关键词、发表时间和基金类别等信息导入Excel中。采用文献计量分析方法，以检索到的158篇高等教育核心期刊论文为样本，依次对文献的数量与年份、来源期刊、产出机构、地区分布、基金论文、作者特征、研究主题和研究方法等进行多维度文献计量分析。

二、数据分析

（一）数量与年份分布

将论文发表的年份作为分类依据，统计2002－2014年间以“大学评价”或“大学排名”为论题的文献数量，如图1-1所示。

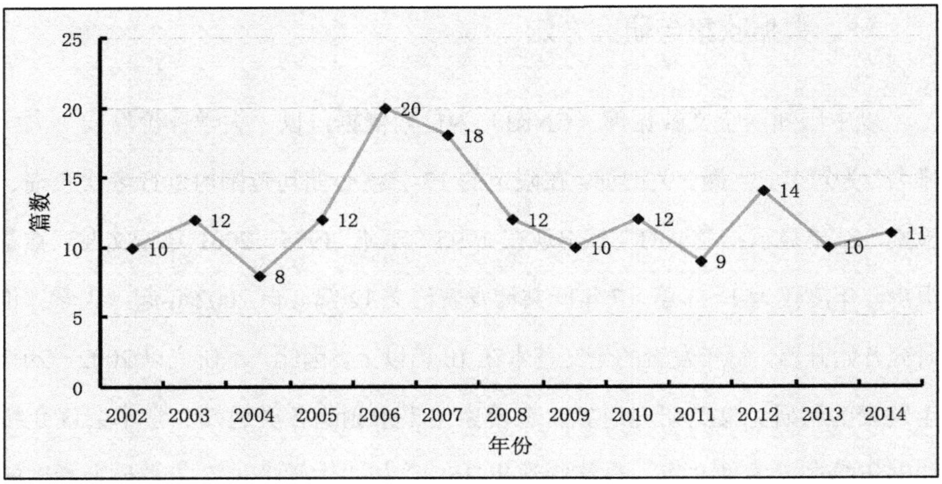

图 1-1　2002－2014 年大学评价研究论文数量年度分布

从论文年度分布情况看，论文发表数量在 13 年间经历了一个从波峰至波谷，再到趋于稳定的过程。2002－2006 年论文数量呈现快速增长的态势，2006 年达到 20 篇的峰值，而后论文发表数量骤然大幅下降，至 2011 年跌至谷底的 9 篇。2012－2014 年，年度论文发表数量在 10～14 篇之间波动。2002－2006 年发表的 62 篇论文中有相当比例（25 篇）是介绍国外大学评价方法与经验的，其中仅 2006 年就有 13 篇，这表明该时期社会各界对大学排名这一外来事物的关注程度逐年上升，促进了该领域学术研究的升温。该时期我国先后有 20 家机构发布了近百个大学排行榜。其中，中国校友会网和武汉大学中国科学评价研究中心两个国内知名大学排名机构均成立于这一时期，可以从一个侧面作为上述判断的印证。2007－2011 年间，大学排名的粗放式增长所带来的系列问题开始逐渐暴露，一些学者开始质疑大学排名指标体系的合理性，并且反思排名的社会价值，该时期发表的 61 篇论文中有 26 篇与大学排名的负面信息有关，因此这一时期大学排名研究开始降温，论文数量也骤然大幅下降。2012 年之后大学排名研究虽有回暖之势，但要完全恢复往日热度还尚需时日。

（二）来源期刊、机构与地区分布

1.来源期刊

从 158 篇论文的来源期刊来看，《中国高教研究》以 25 篇的载文量位居第一，其次为《清华大学教育研究》20 篇，再次为《江苏高教》17 篇；《教育发展研究》《现代大学教育》《中国高等教育》和《复旦教育论坛》等 4 种期刊的载文量在 11～13 篇之间；《高等教育研究》等 10 种期刊的载文量均在 10 篇以下，其中，《中国大学教学》没有发表过“大学评价”相关的论文。如表 1-7 所示。16 种期刊载文量分布的均值为 9.9 篇，标准差为 6.5 篇，偏度系数为 0.99，为轻度右偏。

表 1-7　2002—2014 年大学评价研究论文的期刊分布

期刊	2002－2009	2010	2011	2012	2013	2014	合计
中国高教研究	11	4	1	7	2		25
清华大学教育研究	11	3	1		3	2	20
江苏高教	12		1	1	1	2	17
教育发展研究	10		1			2	13
现代大学教育	11		1				12
中国高等教育	9	1	1		1		12
复旦教育论坛	8			2	1		11
高等教育研究	4	1			1	3	9
大学教育科学	3	1		2		1	7
高等工程教育研究	6						6
学位与研究生教育	5		1				6
高教探索	3		1	1			5
黑龙江高教研究	3		1			1	5

（续表）

期刊	2002—2009	2010	2011	2012	2013	2014	合计
教育研究	4	1					5
北京大学教育评论	2			1	1		4
现代教育管理		1					1
中国大学教学							0
合计	102	12	9	14	10	11	158

核心期刊的测定有助于研究者在阅读少量期刊后即可获得大量“大学评价”相关文献，使读者花费较少的时间，就可以了解学科发展的脉络和趋势。布拉福德定律是情报学中被广泛应用的核心期刊的一种判断依据。该定律规定：将期刊按其登载某领域论文的数量，以递减顺序排列，计算出核心区、相关区、离散区[39]。如果各区刊载论文数量相等，则三个区的期刊数量呈如下关系：$n_1:n_2:n_3=1:a:a^2(a>1)$。据此，可将“大学评价”研究文献涉及的16种期刊分成三个区，3个区的期刊种类之比为2:4:10，近似等于1:2:5。因此大学评价研究的布拉福德离散系数为二三个区的平均载文密度分别为22.5篇、13.5篇和5.9篇。可以判定，我国大学评价研究具有显著的核心效应，《中国高教研究》和《清华大学教育研究》为严格意义上的大学评价研究核心期刊。

表1-8　大学评价研究文献数据库文献的离散状况

区别	期刊种数（种）	占期刊数比（%）	载文量（篇）	占论文数比（%）	载文密度（篇/种）
核心区	2	12.5	45	28.5	22.5
相关区	4	25	54	34.2	13.5
离散区	10	62.5	59	37.3	5.9
合计	16	100	158	100	9.9

2.来源机构

从论文产出机构角度来看，发表 10 篇及以上论文的单位有 2 家：清华大学 14 篇、浙江大学 10 篇；发表 5～9 篇论文的单位有 6 家，发表论文 37 篇，占比 23%；发表 2～4 篇论文的单位有 12 家，发表论文 33 篇，占比 21%；只发表 1 篇论文的单位有 64 家，占比 41%。从具体来源单位看，论文主要来源于 985 高校和 211 高校。以论文发表数量排名前 20 名的机构为例，其中 985 高校 15 所，占全部机构的 75%，211 高校 3 所，占 15%，二者合计占比达 90%。

3.来源地区

以第一作者所属地区为统计依据，对大学评价研究论文的产出地区进行分析，发现 158 篇论文中来自国外机构与作者的有 13 篇，香港地区的 1 篇，未注明来源地区的 3 篇。除去以上 17 篇，其余的 141 篇论文均来源于大陆地区，分布在 18 个省（市），如图 1-2 所示。

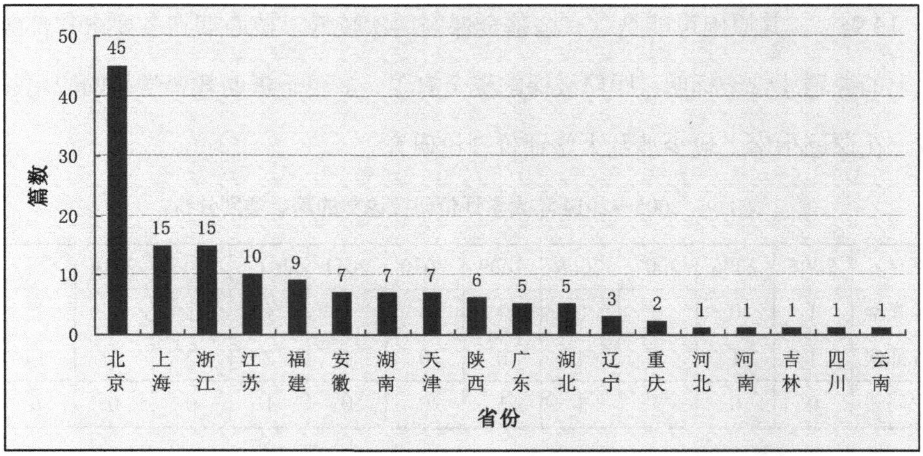

图 1-2　2002—2014 年大学评价研究论文的省域分布

北京市的大学评价研究论文数在全国独占鳌头，共发表论文 45 篇，占总发文量的 28.48%；上海、浙江两个省（市）的发文量并列第二，各为 15 篇，占总发文量的 9.49%；再次为江苏，发文量为 10 篇，占总文量的 6.33%。其余 14 个省（市）发文数量均在 10 篇以下。全国有 13 个省（市、区）没有在 17 家核心期刊上发表过大学评价相关研究论文。由大学评价论文的地区分布可见，发文量位居前列的均为东部发达地区，北京、上海和浙江的发文量位列前三甲，这些地区经济发达、名校聚集，大学评价论文主要出自该地区的著名高校。

（三）基金论文分布

论文是否受到基金资助及其级别可以从一个侧面反映该学科在科学研究中所受的关注程度，基金论文大多数具有较高的学术水平，代表了某研究领域的新趋势和制高点[40]。从表 1-9 中的基金级别分布来看，国家级基金是大学评价研究基金论文的主要来源，共计 23 篇，占全部基金论文的 53.49%；省部级基金论文为 14 篇，占比为 32.56%；厅局级基金论文数最少，仅为 6 篇，占比为 13.95%。其原因可能是：有些基金课题层次较低，核心期刊多要求省部级以上的课题才给予标明；厅局级课题资金有限，多用于资助教育学科的应用领域，在课题指南上较少涉及大学评价理论研究。

表 1-9　2005－2014 年大学评价研究论文的基金类别分布

年份	2005	2006	2007	2008	2009	2010	2011	2012	2013	2014	合计
国家级	1	0	2	2	3	5	1	4	1	4	23
省部级	1	1	3	1	0	0	3	2	2	1	14
厅局级	0	0	3	1	1	0	0	1	0	0	6

（四）作者特征分析

1.核心作者测度

核心作者群是指在某一领域发表论文较多且影响较大的作者集群，是形成大量期刊文献流的重要方面，能反映出某学科领域的基本研究态势。普赖斯定律是用来测定核心作者的一种文献计量方法[41]，计算公式为：$M = 0.749(N_{max})^{1/2}$

式中，M 为论文篇数，N_{max} 为统计区间内最高产的作者发文数，将发文数在 M 篇以上的作者称为核心作者。将 $N_{max}=4$ 代入公式，得 M 为 1.5，即发表 2 篇及以上论文的作者为该领域的核心作者，则大学评价研究领域的核心作者共计 21 人，发文 46 篇，占论文总数的 29%。普赖斯定律规定核心作者应撰写该领域全部论文的 50%，这表明大学评价研究领域目前没有形成严格意义上的核心作者群。

2.职称与专业结构

从论文作者职称角度分析，158 篇论文的作者中，正高级 35 人，占比 22.15%；副高级为 27 人，占比为 17.09%；中级 25 人，占比 15.82%；在校研究生为 33 人，占比 20.89%；职称情况未标明者 38 人，占比 24.05%。可见，大学评价研究的作者以高级职称教师为主，中级职称教师占比较低，在校研究生也已成为一支重要的研究力量。对论文作者专业背景的分析表明：作者群体中拥有高等教育专业背景的为 85 人，占比为 53.8%，其他专业背景的作者 73 人，占比 46.2%。可见，作者的专业结构趋于多元化，专业研究人员与非专业研究人员平分秋色。

（五）研究主题、研究范式与研究视角

1.研究主题

将 158 篇大学评价研究论文按照研究主题进行分类，可分为 5 类：价值取向、指标体系、评估制度、评价方法与社会影响。其中，关注大学评价价值取向的论文数量最多，为 47 篇，占比近三分之一；其次为关注大学评价指标体系的论文，为 36 篇，占比稍高于五分之一；大学评价研究方法与社会影响领域的论文数量占比较低，约为 15%（见表 1-10）。

表 1-10 大学评价研究论文的研究主题分布

序	研究主题	论文数量（篇）	所占比重（%）
1	价值取向	47	29.75
2	指标体系	36	22.78
3	评估制度	29	18.35
4	评价方法	23	14.56
5	社会影响	23	14.56

2.研究范式

任何一个学科的研究者都是在由该学科的某种哲学所提供的框架内从事研究，这种哲学就表现为一种研究范式，其对学术共同体中的成员起着一种规定作用。研究范式可以分为四种：实证主义、经验主义、人本主义和结构主义[42]。将 158 篇大学评价论文按照研究范式进行分类，结构主义论文数量为 97 篇，占全部论文的 61.39%，其次为实证主义的论文 37 篇，占比为 23.42%，再次为经验主义范式论文 23 篇，占比 14.56%，人本主义研究范式的论文仅有 1 篇。

表 1-11 大学评价研究论文的研究范式分布

序	研究主题	论文数量（篇）	所占比重（%）
1	结构主义	97	61.39
2	实证主义	37	23.42
3	经验主义	23	14.56
4	人本主义	1	0.63

3.研究视角

从国际和国内两种视角审视 158 篇研究论文，发现国内视角的论文 87 篇，占比为 55%，国际视角的论文为 71 篇，占比为 45%。可见，我国的大学评价研究论文兼具国内国际两种视角。

三、研究结论

（一）研究成果数量从剧烈波动趋向逐渐平稳

2002－2014 年间大学评价研究论文数量变动情况反映了国内学术界对大学评价这一“舶来品”关注热度和态度的变化。2002－2006 年是国内学术界开始认识大学评价的阶段，这一时期论文的数量快速增长，五年间翻了一番。然而从 2007 年开始，随着认识的逐步深入，大学排名的负面问题开始暴露，学界开始反思甚至质疑大学排名的合理性和社会价值，论文的数量也从峰值的 20 篇跌至 2011 年谷底的 9 篇。自 2012 年始，随着大学评价体系的自我矫正和逐步完善，大学评价研究又开始升温，最近几年论文数量都在 10 篇以上，并且有逐年增长的趋势。

（二）论文的期刊、机构和地区分布不均

首先，来源期刊分布不均。大学评价的 158 篇论文分布在 16 种高等教育核心期刊中刊均载文量为 10 篇，有 7 种期刊的载文量大于 10 篇，9 种期刊的载文量低于 10 篇；其次，论文产出机构聚集于少数高水平大学。共有 84 家机构发表了大学评价论文，其中只发表过 1 篇论文的机构有 64 家，占机构总数的 76.19%。论文主要来源于 985 高校和 211 高校，发文数占论文总数的 90%；最后，论文主要来源于东部沿海发达省份。北京、上海、浙江、江苏和福建 5 省（市）论文数占全国论文总数的 60%。有 14 个省份发文数量在 10 篇以下，有 13 个省份没有发表过大学评价相关论文。

（三）大学评价研究尚未形成核心作者群体

大学评价研究领域的核心作者为 21 人，发表论文 46 篇，占全部论文的 29%，比普赖斯定律规定的标准低 21%，表明该领域多为瞬时作者，缺乏对大

学评价的长期和持续性关注，严格意义上的核心作者群体尚未形成。从作者的职称和专业背景角度来看，作者以高级职称为主，占比约为 40%，博士生和硕士生占全部作者的比例为 21%，已成为一支重要的研究力量。作者群体中有 54%的人拥有高等教育学专业背景，还有 46%的作者来自其他专业领域。作者群体的专业结构呈现出多元化趋势，有利于促进不同学科知识相互交叉、融合，激发新的学术思想火花，促进大学评价研究的繁荣发展。

（四）大学评价论文研究主题分布较为分散

大学评价研究论文的研究主题分布在价值取向、指标体系、评估制度、评价方法和社会影响五个领域。总体而言，主题分布较为平均，没有哪一种研究主题占据绝对优势。关注大学评价价值取向的论文最多，约占三分之一；关注大学评价指标体系和评估制度的论文各占约五分之一；关注大学评价方法和社会影响的论文相对比重较低。

（五）大学评价研究论文以定性研究方法为主

从论文的研究范式角度看，结构主义范式的论文占据绝对优势，占全部论文的 61%，比位居第二名的实证主义范式高 38 个百分点，经验主义范式的论文占比为 15%左右，人本主义范式的论文仅有 1 篇。结构主义范式的研究方法以文献分析、比较分析和概念分析为主，可见，大学评价研究论文仍以定性分析为主，以定量研究为主的实证研究范式论文相对欠缺，是国内大学评价研究未来应努力的方向。

第二章　大学评价的影响

大学评价作为一种社会现象客观存在，有其必然性，且影响力越来越大，已成为专业性的研究领域，正逐渐迈向科学化。本章围绕大学评价对ESI指标、大学知名度、大学招生、高校录取分数线与大学合并的影响分别展开研究。

第一节　大学评价与ESI指标

2015年10月24日，国务院印发了《统筹推进世界一流大学和一流学科建设总体方案》，提出“双一流”建设的指导思想要“坚持中国特色、世界一流”“建立健全绩效评价机制，积极采用第三方评价，提高科学性和公信度”[67]。大学排名是当前社会影响力广泛的第三方评价。ESI数据库是美国科技信息研究所2001年推出的衡量科研绩效、跟踪科学发展趋势的分析工具，是当前世界范围内公认的较权威的学科绩效评估工具[43-44]，尤其是ESI前1‰学科成为2017年国家首批“双一流”建设遴选的参考指标之一。中国大学排行榜具有典型的中国特色，ESI学科评价更侧重于世界水平，这两个评价体系间指标是否存在相关性？如果存在，相关程度有多大，是否显著？这即是本节要研究的问题。

一、研究对象的选取

ESI数据库统计区间以10年为一个时间单元，更新周期为每两个月一次。因为2017年3月更新的数据（检索时间为2017年3月10日）覆盖范围为2006年1月1日至2016年12月31日，包含2017年中国大学评价数据统计区间，所以本研究选取2017年3月ESI学科数据。研究显示，重点大学较之一般大学，更适合应用ESI学科指标进行评价[48]，故而在样本的选取上，本研究选择2017年3月进入ESI学科排名的原“985工程”高校（世界一流大学建设高校）为研究对象。国防科技大学属于军事院校，其研究成果因涉密原因很多不能公开发表，中央民族大学因学科特色未能进入ESI学科排名，因此，剔除上述2所高校，最终将研究对象限定为37所原“985工程”高校。

二、中国大学评价得分与 ESI 指标的统计检验

本研究的主要指标包括：中国大学评价得分 Y，ESI 学科指标 X。其中，总被引频次为 X_1（千次）、发表论文数为 X_2（千篇）、高被引论文数为 X_3（篇）、热点论文数为 X_4（篇）、进入学科数为 X_5（个）。应用 SPSS 25.0 软件，分别计算原“985 工程”高校的大学评价得分与 ESI 各项指标的相关系数，并进行显著性检验。相关系数取值与相关程度对应关系见表 2-1。

表 2-1　相关系数的取值与相关程度对照表

相关系数值	0.00～0.19	0.20～0.39	0.40～0.69	0.70～0.89	0.90～1.00
判定结果	极低相关	低度相关	中度相关	高度相关	极高相关

（一）ESI 学科指标内涵的解释

（1）总被引频次。ESI学科排名的决定性指标，指某学科近十年发表的

SCI/SSCI论文被ESI数据库收录期刊所引用的总次数，该指标集中反映了学科的影响力。

（2）发表论文数。指某学科近十年来发表的SCI/SSCI论文总数，反映某单位或学科对世界学术交流量的贡献，被ESI数据库收录的论文都是较高质量的论文。

（3）高被引论文。指某学科领域近十年来被引频次排在世界前1%的论文，反映了学科的扩展能力，该指标越大，表明该单位越有能力产出更多的优秀论文。

（4）热点论文。指某学科领域发表在最近两年且最近两个月被引频次排名位于世界前0.1%的论文，反映了学科的创新能力，是学科具有朝气的源动力。

（二）中国大学评价得分与ESI指标的相关分析

对37所原“985工程”高校在广研院、校友会、中评榜、上海软科等四个中国大学评价体系的综合得分与其ESI各项指标进行相关分析，结果见表2-2。相关分析结果表明：中国大学评价得分与ESI各项指标的皮尔逊相关系数基本都在0.7以上，为高度相关或极高相关，且在0.01的水平上显著。进一步的分析表明，中国大学评价得分与总被引频次X_1、发表论文总数X_2等两项指标的相关性最大，除了校友会评价体系，其他三个评价体系的皮尔逊相关系数基本在0.9以上，为极高相关；大学评价得分与高被引论文数X_3、热点论文数X_4两项指标的相关系数在0.8～0.9之间，为高度相关；大学评价得分与进入学科数X_5的相关性相对较低，基本上呈中度相关。

表 2-2 中国大学评价得分与 ESI 指标的相关分析

指标			广研院大学排名	校友会大学排名	中评榜大学排名	软科大学排名
Spearman 的 rho	总被引频次 X_1	相关系数	0.893**	0.772**	0.871**	0.820**
		Sig.（双侧）	0.000	0.000	0.000	0.000
	发表论文数 X_2	相关系数	0.919**	0.781**	0.907**	0.860**
		Sig.（双侧）	0.000	0.000	0.000	0.000
Spearman 的 rho	高被引论文数 X_3	相关系数	0.871**	0.749**	0.841**	0.897**
		Sig.（双侧）	0.000	0.000	0.000	0.000
	热点论文数 X_4	相关系数	0.797**	0.651**	0.750**	0.866**
		Sig.（双侧）	0.000	0.000	0.000	0.000
	进入学科数 X_5	相关系数	0.772**	0.671**	0.754**	0.640**
		Sig.（双侧）	0.000	0.000	0.000	0.000

**表示在置信度（双测）为0.01时，相关性是显著的。

（三）中国大学评价得分与 ESI 指标的回归分析

既然中国大学评价得分指标与 ESI 各项评价指标之间存在显著的相关性，为了深入定量研究两者之间的关系，以中国大学评价得分指标为因变量 Y，以 ESI 学科各项指标为自变量 X，建立基于 ESI 学科指标的多元线性回归模型，选用向后逐步回归法，逐步剔除未通过 T 检验的自变量，同时检验回归方程的拟合优度、方程整体的显著性、自变量之间的多重共线性，最终得到的四个多元线性回归模型，如表 2-3 所示。

表 2-3 基于 ESI 指标的中国大学评价多元线性回归模型

指标	模型 I	模型 II	模型 III	模型 IV
	广研院评价得分（Y_1）	校友会评价得分（Y_2）	中评榜评价得分（Y_3）	软科评价得分（Y_4）
常数项（C）	17.92*** （3.903）	63.924*** （1.112）	44.613*** （1.112）	44.426*** （0.985）
总被引频次（X_1）		0.02*** （0.01）		

（续表）

指标	模型 I 广研院评价得分（Y_1）	模型 II 校友会评价得分（Y_2）	模型 III 中评榜评价得分（Y_3）	模型 IV 软科评价得分（Y_4）
发表论文数（X_2）	1.67*** （0.19）		0.66*** （0.09）	
高被引论文数（X_3）				0.04*** （0.002）
热点论文数（X_4）	1.072*** （0.293）	037*** （0.109）	0.345*** （0.134）	
进入学科数（X_5）				
R^2	0.911	0.777	0.874	0.895
Adjusted-R^2	0.905	0.764	0.867	0.892
F-Value	173.388	59.154	118.259	298.744
F-相伴概率	0.000	0.000	0.000	0.000

注：***、**和*分别代表1%、5%和10%的水平上显著，括号内为标准误差。

由表2-3可知，进入ESI学科数指标X_5在四个回归方程中均不显著，因而被剔除，最终回归方程中保留的自变量均在 0.01 的水平上显著。四个回归方程的拟合优度均在0.75以上，且回归方程整体线性关系显著。根据运行结果，可以列出四个回归方程：

$$Y_1=17.92+1.67X_2+1.072X_4$$

（8.589）（3.652）

$$Y_2=63.92+0.02X_1+0.37X_4$$

（3.19）　（3.401）

$$Y_3=-44.61+0.66X_2+0.345X_4$$

（7.482）　（2.582）

$$Y_4=-44.43+0.04X_3$$

（17.284）

由上式可见，并非所有的自变量均出现在最终的回归模型中，进入学科数X_5在四个回归方程中均未出现。总被引频次X_1、高被引论文数X_3在第一个和第三个回归模型中不显著；发表论文数X_2、高被引论文数X_3在第二个回归模型中不显著；总被引频次X_1、发表论文数X_2和热点论文数X_4等三个指标在第四个回归模型中均不显著。

（四）线性回归模型运行结果分析

（1）广研院大学评价模型。从模型I可见，广研院大学评价得分仅与发表论文总数X_2、热点论文数X_4两项指标有关。在控制其他变量稳定的条件下，发表论文总数每增加1000篇，大学评价得分平均增加1.67分；热点论文每新增1篇，大学评价得分平均增加1.072分。发表论文总数、热点论文数两项指标对广研院大学评价得分变异的解释度分别为70.3%和29.9%。可见，广研院大学评价体系侧重于论文的生产力，即论文数量的扩张。

（2）校友会大学评价模型。由模型II可见，校友会大学评价得分仅与总被引频次X_1、热点论文数X_4两项指标有关。在保持其他变量稳定的条件下，发表论文的总被引次数每增加1000次，大学评价得分平均增加0.02分；热点论文每新增1篇，大学评价得分平均增加0.37分。总被引频次、热点论文数两项指标对校友会大学评价得分变异的解释度分别为44.8%和47.7%。可见，校友会大学评价主要依赖于论文的影响力和创新力，且两者在该评价体系中的地位基本相当，校友会大学评价体系更偏重于论文质量的提升。

（3）中评榜大学评价模型。从模型III可知，与广研院大学评价模型类似，中评榜大学评价得分仅与发表论文数X_2、热点论文数X_4两项指标有关。在控制其他变量不变的条件下，发表论文总数每增加1000篇，大学评价得分平均增加0.66分；热点论文每新增1篇，大学评价得分平均增加0.345分。发表论文总数、热点论文数两项指标对中评榜大学评价得分变异的解释度分别为72.6%和25.1%。可见，中评榜大学评价体系与广研院大学评价体系类似，同样侧重于考评论文的生产力。

（4）软科大学评价模型。从模型Ⅳ可见，软科大学评价模型仅与高被引论文数X_3一项指标有关。高被引论文数每新增1篇，大学评价得分平均增加0.04分。仅高被引论文数单项指标对大学评价得分差异的解释度就高达94.6%。软科评价体系侧重于论文的扩展力。

（五）研究的主要结论

（1）中国大学评价得分指标与 ESI 各项评价指标在 0.01 的水平上显著相关，因此，将 ESI 指标应用于中国大学评价存在合理性。纵向来看，中国大学评价指标与 ESI 的总被引频次、发表论文数等两项指标的相关性最大，其次为高被引论文数和热点论文数指标，最后为进入学科数指标。横向来看，总被引频次、发表论文数对四个大学排行榜的影响程度从强到弱依次为：广研院评价体系>中评榜评价体系>软科评价体系>校友会评价体系。由此可知，提高中国大学评价得分的最有效措施是提升高水平论文的发表数量和被引频次。

（2）基于ESI指标建立的中国大学评价多元回归模型整体线性显著。四个中国大学评价模型均通过了F检验，拟合优度在70%～90%左右，这意味着，模型可以解释因变量变异程度的70%～90%。从方程拟合优度值来看，广研院大学评价模型的拟合优度最高，达到90%以上，其次为软科大学评价模型，为89%，再次为中评榜大学评价模型，为87%，校友会大学评价模型拟合优度相对最低，仅为76%。从检验的F值大小来看，同样呈现上述规律。

（3）ESI各项评价指标在四个中国大学评价回归模型中显著程度有较大差异。其中，进入ESI学科数指标在四个回归模型中均不显著，表明某所高校的大学评价得分与该校进入ESI学科的数量基本无关。除此之外的四个ESI学科指标在四个不同的回归模型中显著程度表现不一，表明四个中国大学评价体系存在不同的评价理念。广研院和中评榜这两个大学评价体系均侧重考量论文的生产力和创新力，校友会大学评价体系则偏重于论文的影响力和创新力，软科大学评价体系更看重论文未来增长的潜力。如果某高校要提升自身大学排名，就要根据各个大学评价体系的特点，对症下药地采取针对性的措施。

（4）热点论文数指标对中国一流大学评价得分影响显著。37所原“985工程”高校发表的热点论文数合计为440篇，平均每校约为12篇。有14所高校的热点论文数在均值以上，有19所高校的热点论文数低于10篇。北京大学、清华大学的热点论文数最多，分别为46篇和42篇，两校合计88篇，占“985工程”高校论文总数的五分之一，第三名东南大学的论文数骤降至24篇。“世界一流大学B类”的西北农林科技大学、东北大学热点论文数仅为2篇和1篇。可见，热点论文数是体现一流大学水平的重要指标，对“双一流”建设意义重大。

（5）多元线性回归模型中变量系数的绝对值具有相对性。由于四个中国大学评价体系中大学评价得分取值的区间不同，广研院体系大学评价得分区间为[0，200]，其他三个大学评价体系评价得分区间均为[0，100]，因此，不可以对两个回归方程之间的系数进行比较。如广研院和中评榜大学评价模型中，发表论文数X_2的系数分别为1.67和0.66，二者差值并无实际意义。换句话说，一个大学评价模型仅适用于自身评价，不适用于作横向对比。

第二节　大学评价与大学知名度

伴随着经济、社会的发展，高等教育大众化已成为必然趋势，政府与社会对高等教育的关注度和期望值也越来越高，大学评价应运而生。另外，“作为高等教育管理的一种新模式和重要手段，以及人们了解高等教育信息及高校发展情况的重要途径”[49]，大学评价备受关注。然而，社会上却频频出现质疑大学评价可信度的事件，原因何在？很大程度是由于以排名形式反映出来的大学评价与能够引起社会共鸣的知名度存在差异。那么，何为大学知名度？大学知名度与大学评价的关系如何？为弄清此问题，本节以高考生作为评价主体，对大学知名度进行量化研究，并通过与民间最具影响力的大学评价的比对分析，找出关系所在，同时也为社会更好地了解大学提供定量性的参考。

一、大学评价与大学知名度

（一）大学知名度

“知名度”在《现代汉语词典》中的解释为：“某人或某事物被社会、公众知道熟悉的程度”；李强在《知名度之研究》一文中指出：“知名度是特定社会客体的名称被一定范围内的公众知晓的程度，一般用知晓公众占公众的百分比来表示。”[50]

1.评价主体范围的确定

评价主体的选取一定要有针对性，例如，在对某一商品的质量进行评价时，所选择的评价主体就应该是正在使用该商品的“消费者”，他们最有发言权，反映的意见最有时效性，最后得出的结果也才会令人信服，因此，本节选择高考生作为评价主体。诚然，如果选择大学在校生来研究这个问题也许会有更多的思路，但为了获取研究的最大价值，基于以下理论确定了该评价主体。

（1）理性行动者理论。理性行动者理论起源于亚当·斯密的古典微观经济学，该理论基于“经济人”的假设，认为人的行为是建立在完全理性的基础上，揭示了人们总是在既定的约束条件下选择和追求最有利于主体自身的经济方案，寻求利益最大化。高考生虽然年龄较小，经验尚浅，但其填报的志愿是在多个方案面前经过综合分析，做出的最符合自身利益的选择，因此，志愿是理性选择的结果，具有充分的理性与实践逻辑性。

（2）利益驱动理论。“利益”在《中国大百科全书·哲学卷》中被解释为：“人们通过社会关系所表现出来的不同需要”[51]。换言之，利益就是需要。马克思主义认为，人类一切的实践活动都是为了满足一定的需要而进行的。王伟光在《利益论》中也指出：“人的需要、利益触发了人发生行为的思想动机，从而启动了人的行为。”[52]因此，有人就会有需要、利益，进而就会产生行为，而且利益相关度将与执行力成正相关的关系，也就是说，利益相关度越高，执行力也就越强。

在高考填报志愿时，由于利益相关度不同，不同的主体会做出不一样的选择，越是当事人（高考生），在选择时会越慎重，因为这样一次选择可能会影响到他的一生，因此，高考生会通过多种渠道来搜集尽可能多的学校信息，同时借鉴父母、老师、兄长等多个主体的意见，最终做出的选择——志愿也就成为各种信息综合的结果。

（3）群体决策理论。群体决策作为一个明确的概念最早是由 Black D.于 1948 年提出来的，我国对于群体决策理论的研究则开始于 20 世纪 80 年代。群体决策是群体成员作为决策主体，从多个方案中选出最优或最满意方案的决策活动，是该群体对特定事物、对象等共同认识的结果。在群体决策过程中，成员之间相互作用，最终达到“1+1>2”的增效作用。

在填报志愿时，正是由于高考生这一群体作为决策主体，各自做出最优或最满意的决定，最终形成了高考生对某所大学的共同认识——大学录取分数线。因此，理应由高考生作为评价主体。

“知名度”具有抽象性，比如说，某所大学的知名度很高，那么究竟有多高？高到什么程度？用语言很难说清楚。马克思曾指出：“任何一门科学，只有当它充分应用了数学时才算很好的发展了。”[53]因此，本书将通过公式计算，对大学知名度进行客观量化。

2.计算公式的选取

集体选择，即“通过若干人对事物进行的主观判断，得出一个代表集体公断的行为”[54]。集体选择具有一定的客观性与科学性。评价主体确定后，选取大学录取分数线在各省的排名作为计算指标，因为录取分数线是当地高考生集体选择的结果，集中反映了该省高考生对某所大学的了解程度，是大学知名度的一种表现形式。本书选取的计算公式为：

$$Z=\sum_{i=1}^{29}(P_i * T_i)$$

其中：Z 代表大学知名度，P 代表大学，P_i 代表大学在 i 省录取分数线的排名，T_i 代表 i 省大学知名度的调节系数。

（二）大学评价

大学评价是“一些评价机构人为地遴选出多项或单项指标，经过一定的权重处理后，对大学的办学实力和发展水平进行综合或单项评价，并按积分高低次序进行排列的方法”[55]。

大学评价最早开始于美国，随后，英国、加拿大、日本等国具有影响力的教育评估机构和媒体也纷纷推出大学排行榜。我国的一些民间机构和团体也于 20 世纪 80 年代初期开始尝试对国内大学进行评价，但到目前为止，并没有形成比较统一、权威的评价指标体系，参评的机构众多，评价的侧重点也各有不同。本节选取两个比较有影响力的民间大学评价进行研究，分别是中国管理科学研究院与武汉大学中国科学评价研究中心的大学评价，简称武书连大学评价与邱均平大学评价。

二、大学评价与大学知名度关系研究的意义

（一）理论意义

大学知名度与大学评价二者虽然相互影响，但却是两个完全不同的概念。大学评价实际是对大学实力的一种量化；大学知名度则反映的是一定范围内公众对大学的了解程度，体现出该所大学在社会上的综合影响力。到目前为止，学术界对于大学知名度、大学知名度与大学评价之间关系的研究比较缺乏，因此，本书在一定程度上可以完善相关的理论研究。

（二）现实意义

近些年来，各种大学评价层出不穷，既有全国大学综合实力的排名，也有能够集中反映学校办学质量的某些重要指标的排名，然而对于能够引起社会共鸣的大学知名度的排名却是少之又少。“群众最有发言权”，因此，选取高考生作为评价主体，把“顾客”对大学的了解程度客观地呈现出来，这样的评价将更贴近现实，更具参考性。同时，通过对大学知名度与大学评价关系的研究，可以进一步验证大学评价的可信度。

三、大学知名度的量化模型

知名度具有一定的抽象性，因此，本书将从如下两个方面对知名度进行客观量化。

（一）基于录取分数线排名的平均情况确定的知名度排名

在不考虑人口、地域等其他因素的影响下，取 T_i=1/29，根据 2009－2011 年“985”大学在各省录取分数线的排名，按照公式计算，得出该方面的大学知名度排名，在此只选取部分院校列出（见表 2-4）。

表 2-4　2009－2011 年部分大学基于录取分数线排名的平均情况确定的知名度排名

学校	2009 年排名	2010 年排名	2011 年排名
清华大学（京）	1	1	1
中国科学技术大学（皖）	4	4	4
北京理工大学（京）	12	15	17
同济大学（沪）	13	8	6
武汉大学（鄂）	19	18	19
山东大学（鲁）	25	26	26

所选的 37 所“985”大学在 2009－2011 年的大学知名度排名中，大部分院校的排名基本稳定，如清华大学稳居第一，中国科学技术大学则一直处在第 4 名的位置。与此同时也应看到，稳中有动。如，同济大学连续 3 年一直处于上升的态势，而北京理工大学 3 年以来则一直是下滑的趋势，下降幅度达到 5 名。

（二）基于人口比例确定的知名度排名

一个地区的人口越多，相应地高考生也会越多，因此，可以近似地认为一省的人口比例就是该省高考生的比例。取 T_i=i 省人口数/全国人口数，根据各个省份的人口情况，按照公式计算，得出该方面的大学知名度排名，在此只列出部分院校（见表 2-5）。

表 2-5　2009—2011 年部分大学基于人口比例确定的知名度排名

学校	2009 年排名	2010 年排名	2011 年排名
清华大学（京）	1	1	1
中国科学技术大学（皖）	3	4	4
北京理工大学（京）	10	14	16
同济大学（沪）	13	8	6
武汉大学（鄂）	20	18	19
山东大学（鲁）	25	26	27

无论是基于平均情况得出的知名度排名还是基于人口比例得出的知名度排名，学校的排名情况都基本稳定，多数为临近名次的互换。以武汉大学为例，在前者的排名中该校处在了 19 名附近，在后者的排名中也是在 19 名的位置上下波动。但是也有例外。有些学校在两种知名度排名中都处在上升趋势，如，同济大学在前者的排名中上升幅度达到 7 名，在后者的排名中上升幅度也是 7 名；还有些学校则一直处于下滑的趋势，如，北京理工大学在前者排名中的下降幅度达到 5 名，在后者排名中的下降幅度达到 6 名，应该引起足够的警觉。

综合分析，可以归纳出大学知名度排名变化呈现出的特点：第一，大学知名度具有可变性，这就为各个大学采取措施提高知名度提供了可能性；第二，大学知名度又具有相对稳定性。在大学知名度排名中，前 5 名的大学保持不变，只是名次略有变动，剩余大部分学校的排名则是相近名次的互换；第三，大学知名度要受到地域因素的影响。以 2010 年、2011 年为例，都进入大学知名度排名前 20 强的学校中，位于东部沿海地区的学校竟有 15 所，所占比例高达 75%。

四、大学评价与大学知名度的关系

大学知名度与大学评价都可以为社会更好地了解大学提供定量性的参考，督促大学提高办学水平，二者相互影响却又不同。那么，二者的关系如何？

首先，二者是两个完全不同的概念。大学评价反映的多为大学的“硬实力”；大学知名度反映的则是大学被公众知道、熟悉的程度，除了要受大学自身“硬实力”的影响，同时也要受前文所述的地域等多种因素的影响，是大学通过各方面努力形成的整体效果。

其次，二者是相互影响的。一方面，大学评价可以影响大学知名度。大学评价作为大学的一种宣传方式，是对大学教学、科研等“硬实力”的客观量化，“酒香不怕巷子深”，因此，一所实力强的大学，其知名度一般也会比较高。就像演员，其知名度的高低要受到个人素质的影响，表演水平高的表演者，其知名度会更高，大学也不例外。如，清华大学在武书连、邱均平的大学评价中都位于前三甲，同时，它在本书的知名度排名中稳居第 1 名的位置。另外，当某所大学的排名与能够引起社会共鸣的知名度存在差别时，该学校便会成为社会争论的焦点，而争论的过程实际就是社会对其加深了解的过程。以中国科学技术大学为例，2010 年与 2011 年，该校在武书连大学排名中的位次分别是第 13 名与第 16 名，这个名次一度引起社会的质疑，在争论的过程中就会吸引更多的人来了解这所学校，加深对它的了解，从而影响知名度。

另一方面，大学知名度对大学评价体系的内容会产生一定的影响，但对大学评价的结果却不会产生影响。由于大学知名度的存在，社会便会拿它与大学评价进行对比，若二者相吻合，则证明了大学评价的可信度，反之，也会推动大学评价体系的完善。2010 年，武书连重新调整了大学评价体系的内容，很大程度是由于该原因。与此同时还应该清楚地认识到，大学评价看的是大学自身的实力，并不会因为公众了解程度的高低而发生改变，自此也体现出大学评价具有一定的客观性与公正性。表 2-6 中的数据也可以印证这一点。一方面，有些大学的知名度很高，但大学排名却比较低。如，2010 年与 2011 年，中国科学技术大学的知名度排名都是第 4 名，而无论在武书连大学排名还是邱均平大学排名中，其位次都在 15 名附近，约是本书排名的 3～4 倍，相差比较大；再如，2009－2011 年北京理工大学的知名度排名都处在前 20 强，而大学排名则处在了 30 名之后。还有些大学的知名度排名虽然比较低，但大学排名却比较高。以武汉大学为例，该校在本书的大学知名度排名中处在了 19 名附近，而其在大学排名中都位于前 10 强，两者相差大约 10 名。山东大学亦是如此，大学排名比知名度排名会高出 10 名之多。

表 2-6　2009－2011 年武书连、邱均平的大学排名情况

学校	2009 年		2010 年		2011 年	
	武书连大学排名	邱均平大学排名	武书连大学排名	邱均平大学排名	武书连大学排名	邱均平大学排名
清华大学（京）	1	2	1	2	3	2
中国科学技术大学（皖）	7	15	13	15	16	15
北京理工大学（京）	31	31	30	31	30	33
武汉大学（鄂）	10	7	7	6	8	7
山东大学（鲁）	16	16	15	17	13	9

五、总结

大学评价是对大学实力的量化，大学知名度则是高考生对大学了解程度的量化，二者都可以为社会了解大学提供定量性的参考，同时，也可以督促大学提高办学水平。但是，二者彼此间的作用力并不是对称的，大学评价可以凭借社会影响力对大学知名度产生影响，而大学知名度对大学评价体系的内容虽然会产生一定的影响，但并不会左右大学评价的结果。

第三节 大学评价与大学招生

社会对教育知情权的需求以及高等教育信息难以获得之间的矛盾推动了大学评价的产生与发展。当前，大学评价已客观存在，成为既定事实，影响力也已彰显，“已经对高等教育机构及学生、大学、政府、社会等利益相关者产生重要影响，改变了高等教育风景”[56]。

许多国内外学者已提出大学评价影响着大学招生，而且进一步提出了有什么样的影响。蒙克斯（Monks）和埃伦伯格（Ehrenberg）于 1999 年通过分析 US News 排名对 29 所大学招生录取情况的影响研究大学排名对大学招生的影响，指出大学排名与学生申请数存在一定程度的相关性：排名靠后会促使该大学提高申请者的接收比例，相应的录取学生的质量就会下降，排名下滑，进入恶性循环。国内徐和清则通过分析广东管理科学研究院大学排名指标和面向江西招生的一本高校的招生情况，得出大学排名中的本科生培养得分、自然科学研究得分及社会科学研究得分对优秀考生并未起到应有的吸引作用。

“任何事物终究是以一定量存在的，对之完整的认识包括知晓其数量和质量”[57]，大学招生亦有数量和质量之分。本节以“985”大学在河北省的招生为例，在大学排名与招生数量、录取分数线排名的多维数据分析中求解大学评价对大学招生数量与质量的综合影响，同时针对评价体系的特点，研究不同大学评价体系的特殊影响。

一、研究对象与数据来源

大学排名中选取历史较长、影响较大、公开性较强的大学排名体系——中国管理科学研究院“中国大学评价”（简称武书连大学排名）和武汉大学中国科学评价研究中心“中国高校综合竞争力评价”（简称邱均平大学排名）中“985”大学在2008－2012年排名变化显著的学校以及这些学校在河北省的招生录取信息作为研究对象。之所以选择排名变化显著的学校作为研究对象，就在于变化趋势越明显，包含信息量越大，越易于观察大学排名变化对录取分数线排名带来的影响。

据此，剔除数据不全、排名变化不大或者无规律的学校，使用的录取分数线的数据来源于河北省教育考试院2010年和2013年发布的《河北省普通高校招生报考指南》。

二、大学评价对大学招生数量的影响

（一）大学评价的直观表现——大学排名

大学评价与大学排名是两个完全不同的概念，二者在目的、职能、性质、数据来源以及评估过程等方面各不相同。大学排名最早开始于美国，随后，英国、加拿大、日本等20多个发达国家或发展中国家与地区都在开展各种类型的大学排名实践活动及相关研究；我国的一些民间机构和团体也于20世纪80年代初期开始尝试对国内大学进行排名，但到目前为止，并没有形成比较统一、权威的评价指标体系，参评的机构众多，评价的侧重点也各有不同。其中，影响力较大的有中国管理科学研究院的“中国大学评价”、武汉大学中国科学评价研究中心的“中国高校综合竞争力评价”、中国校友会的“中国大学排行榜”

以及网大有限公司的“中国大学排行榜”。

大学排名是对大学各方面发展的具体化、数字化的描述，是一种集方法的客观性与价值判断的主观性于一体的大学的综合评价，能够以直观的形式量化大学的实力，因此在大学评价的各类形式中，大学排名的影响最为显著。

（二）量化分析

通过对附录 1 和附录 2 中的 38 所“985”大学的数据分析得出，大学排名对大学的招生数量并没有产生规律式的影响。以中国科学技术大学为例，在两个排名体系中，大学排名都有所下滑，但招生数量并未受其影响，呈现出上下徘徊的态势。由此亦证明，当前我国大学的招生数量是一种计划式的分配，是“中央教育行政部门根据高校人才培养能力、社会经济需求及高中毕业生的升学需求等对全国地方高校入学名额在不同地区间的具有法律效力的分配”。[58]

三、大学评价对大学招生质量的影响

（一）大学招生质量的直观表现——大学录取分数线

中国高等教育的毛入学率已在 2002 年超过 15%，进入大众化阶段，自此，“质量”问题进入人们的“视界”。2010 年颁布的《国家中长期教育改革和发展规划纲要（2010－2020）》明确提出“提高质量是高等教育发展的核心任务”。而且已有研究表明，“大学评价会对高校的质量保障起着积极作用，低于预期的排名会促使大学进行课程评估、开展心得教学和学习实践以及新的学习项目”，即大学评价可以督促大学在办学过程中适时调整办学策略、提升办学水平。

“质量”具有抽象性，比如说，某所大学的生源质量好，那么究竟有多好？

好到什么程度？难以用言语说清，“任何一门科学，只有当它充分应用了数学时才算很好的发展了”[53]。因此，生源质量可以通过大学录取分数线的高低来窥见一斑，通常而言，录取分数线越高，生源质量越好。

（二）量化分析

通过分析表 2-7 和表 2-8 中的数据发现，大学排名变化与录取分数线排名变化之间呈现三种趋向，即无关联、同向变化与异向变化。

第一，二者之间无明显的关联趋势。以表 2-7 中的四川大学为例，2008—2012 年大学排名呈现上升趋势，由第 13 名升至第 9 名，而录取分数线排名多数在第 28 名附近徘徊。另外，像哈尔滨工业大学、中南大学、中国人民大学以及重庆大学等亦是如此；表 2-8 以中国农业大学为例，大学排名由第 27 名降至第 29 名，而录取分数线排名变化无明显规律。

第二，二者之间变化的同向性。表 2-7 中，东北大学的大学排名由第 34 名降至第 46 名，与此同时，录取分数线排名也在逐年递降，由第 19 名降至第 32 名，二者同时下降，呈现同向变化；表 2-8 中以北京理工大学为例，大学排名由第 30 名降至第 34 名，录取分数线排名由第 5 名降至第 10 名，变化趋势一致，再如表 2-8 中的同济大学和东北大学也同样呈现出这样的特点。

第三，二者之间变化的异向性。表 2-7 中的西安交通大学的大学排名由第 10 名降至第 15 名，而录取分数线排名却在逐年上升而且幅度较大，由第 36 名升至第 19 名，二者变化趋势相反，呈现反向变化。再如，大连理工大学的大学排名由第 24 名升至第 21 名，而录取分数线排名由第 8 名降至第 17 名；表 2-8 中，北京师范大学由 2008 年的第 8 名降至 2012 年的第 16 名，而录取分数线排名则由 2008 年的第 37 名升至 2012 年的第 16 名。

综合表 2-7 和表 2-8，从 2008—2012 年的 5 年数据来看，大学排名对“985”

大学在河北省录取分数线排名并没有产生规律式的综合影响，同时从单个评价体系来看，也没有呈现出显著的特殊影响。现实中，考生及家长在挑选大学时，都会倾向于选择那些“榜”上有“名”的大学，从这个意义上来说，大学评价至少影响着大学的招生环境。

另外，通过分析附录 1 和附录 2 还可以发现，大学招生数量对录取分数线排名存在影响，二者间的变化呈现异向性，即大学招生数量增加、录取分数线排名下降。表 2-7 中，以东北大学为例，2008—2012 年在河北省的招生数量由 149 人增加到 212 人，逐年递增，而录取分数线排名却在逐年下降，由第 19 名降至第 32 名；表 2-8 中，同济大学在河北省的招生数量由 2008 年的 90 人升至 2012 年的 130 人，而录取分数线排名却由第 6 名降至 12 名。

表 2-7　2008—2012 年部分“985”大学的武书连大学排名及在河北省招生录取分数线排名情况

学校	武书连大学排名					在河北录取分数线排名				
	2008	2009	2010	2011	2012	2008	2009	2010	2011	2012
四川大学	13	13	10	10	9	30	28	29	28	28
哈尔滨工业大学	14	14	11	11	10	18	6	12	10	11
西安交通大学	10	12	14	14	15	36	25	24	23	19
中南大学	19	19	17	17	16	23	36	33	31	36
中国科学技术大学	7	7	13	16	17	35	12	2	2	3
中国人民大学	22	21	19	18	18	4	8	7	6	7
大连理工大学	24	24	22	21	21	8	13	15	15	17
重庆大学	28	27	27	26	26	27	33	33	31	33
华东师范大学	29	30	31	33	33	17	17	26	22	27
华南理工大学	27	26	24	24	24	14	18	18	18	22
北京理工大学	31	31	30	30	30	5	5	9	8	10
东北大学	34	34	46	46	46	19	22	23	25	32

（续表）

学校	武书连大学排名					在河北录取分数线排名				
	2008	2009	2010	2011	2012	2008	2009	2010	2011	2012
复旦大学	6	6	5	5	5	15	10	5	5	5
浙江大学	3	3	3	1	1	9	11	8	9	8
南京大学	5	5	6	6	6	12	15	11	13	9

表 2-8　2008—2012 年部分“985”大学的邱均平大学排名及在河北省招生录取分数线排名情况

学校	邱均平大学排名					在河北录取分数线排名				
	2008	2009	2010	2011	2012	2008	2009	2010	2011	2012
中南大学	21	21	21	21	19	23	36	33	31	36
中国科学技术大学	13	15	15	15	17	35	12	2	2	3
北京师范大学	8	8	8	13	16	37	21	19	20	16
北京理工大学	30	31	31	33	34	5	5	9	8	10
同济大学	22	23	23	23	23	6	9	12	12	12
中国农业大学	27	27	29	29	29	24	29	35	29	29
西北工业大学	29	28	28	27	27	11	16	17	16	21
东北大学	35	39	43	41	45	19	22	23	25	32

第四节　大学评价与高校录取分数线

大学排名作为高等教育发展过程中的一种全球性现象，近年来引起了人们的广泛关注。尽管大学排名存在着诸多不足，“然而，人们又都在使用它们，因为如果使用得当，对消费者、决策者以及跟国内外同行作比较的学术机构而言，它们还是具有一定的价值”[60]。

自1987年《科技日报》刊载了由中国管理科学研究院对国内87所重点大学的排名之后，我国大学排行的研究开始兴起。此后20年间，先后由20家机构发布了近百个大学排行榜[37]。中国管理科学研究院发布的“中国大学评价年度排行”（以下简称“武书连大学评价”）和武汉大学中国科学评价研究中心发布的“中国高校竞争力评价排行”（以下简称“邱均平大学评价”）是其中具有代表性的2个大学评价排名。大学评价排名对高校的录取分数有没有显著影响，即大学评价在考生填报志愿时有没有发挥引导作用，即是本节要探讨的问题。

一、确定大学评价与录取分数排名变化趋势的方法

本研究选取 2008—2012 年 5 年间 38 所“985 高校”（因国防科学技术大学 2008—2011 年未在河北省招生，故未统计）的大学评价排名与其在河北省录取分数排名数据[63]。取某学校前 2 年和后 2 年排名之和的差值 d，若 d 值的变化幅度大于 1，则认为该学校排名有显著变化；若 d 值为零，则认为排名不变；若 d 的绝对值为 1，则进一步比较后 2 年排名的均值 $\bar{r}=\frac{r_{11}+r_{12}}{2}$ 与 2010 年的排名 r_{10}。具体判定规则如下：

$$d=r_{08}+r_{09}-r_{11}-r_{12}，\quad 若\begin{cases}d>1,\ 表明排名上升\\ d=0,\ 表明排名不变\\ d<-1,\ 表明排名下降\\ |d=1|,\ 有待进一步判定\end{cases}$$

如$|d=1|$，则比较 $\bar{r}$ 与 r_{10}，若 $\begin{cases}\bar{r}<r_{10}，表明排名上升\\ \bar{r}=r_{10}，表明排名不变\\ \bar{r}>r_{10}，表明排名下降\end{cases}$

根据以上规则，判定结果如表 2-9 和表 2-10 所示：

表 2-9　38 所“985 高校”大学评价排名变化趋势统计

	上升	不变	下降	合计
武书连版	19	4	15	38
邱均平版	16	8	14	38

表 2-10　38 所“985 高校”录取分数排名变化趋势统计

趋势	上升	不变	下降	合计
数量	16	2	20	38

二、两个大学评价排名数据分布的检验

本研究选取 2008－2012 年 5 年间两个大学评价的排名情况，用 SPSS 25.0 统计软件，分别对 5 组配对样本数据进行 Wilcoxon 符号秩检验，研究两个大学评价中数据分布的相关性，检验的原假设 H_0 为：两总体分布无显著差异。

表 2-11 中 Q 代表邱均平大学排名数据，W 代表武书连大学排名数据。从检验结果可知，2008－2012 各年数据对应的 *P* 值均大于 0.05，所以，不能拒绝原假设，即应认为武书连和邱均平大学评价中大学排名的数据分布不存在显著差异，这表明下文中基于两个列联表数据的对比分析不存在系统误差。

表 2-11　Wilcoxon 符号秩检验结果

	Q08 - W08	Q09 - W09	Q10 - W10	Q11 - W11	Q12 - W12
Z	−0.148[a]	−0.036[a]	−0.099[b]	−0.344[a]	−0.336[a]
渐近显著性	0.882	0.971	0.922	0.731	0.737

a.基于正秩，b.基于负秩，c.Wilcoxon 带符号秩检验。

三、大学评价排名与录取分数排名的列联分析

表 2-12 和表 2-13 分别给出了武书连和邱均平两个大学评价的“大学评价排名”和“录取分数排名”的列联表分析结果，且两个排名数据的 Pearson Chi-Square <0.05，表明两个列联表中的“大学评价排名”和“录取分数排名”存在显著的相关性。

表 2-12　武书连“大学评价排名*录取分数排名”列联表

			录取分数排名			合计
			不变	上升	下降	
大学评价排名	不变	计数	0	1	3	4
		期望计数	0.2	1.7	2.1	4.0
	上升	计数	1	9	9	19
		期望计数	1.0	8.0	10.0	19.0
	下降	计数	1	6	8	15
		期望计数	0.8	6.3	7.9	15.0
合计		计数	2	16	20	38

表 2-13　邱均平“大学评价排名*录取分数排名”列联表

			录取分数排名			合计
			不变	上升	下降	
大学评价排名	不变	计数	1	5	2	8
		期望计数	0.4	3.3	4.1	8.0
	上升	计数	1	7	8	16
		期望计数	0.8	6.6	8.2	16.0
	下降	计数	0	4	10	14
		期望计数	0.7	5.7	7.2	14.0
合计		计数	2	16	20	38

将“录取分数排名”作为因变量（*Y*），“大学评价排名”作为自变量（*X*），研究自变量对因变量的影响。*X*、*Y* 分别存在三种状态：上升（↑）、不变（—）、下降（↓）。而 *X* 和 *Y* 的组合可以有 9 种情形：（—，—）、（↑，↑）、（↓，↓）、（↑，↓）、（↓，↑）、（—，↑）、（—，↓）、（↑，—）、（↓，—）。其中，第 1～5 种情况表明 *X* 与 *Y* 有关联（第 1、2、3 种情形为正关联，第 4、5 种情形为负关联），第 6～9 种情形表明 *X* 与 *Y* 无关联。应用以上方法对武书连、邱均平两个大学评价排名与录取分数排名的关系进行分析。

（1）在 *X* 与 *Y* 同向关联描述上，武书连大学评价有 17 所，邱均平大学评价有 18 所。第 1～3 种即（—，—）、（↑，↑）、（↓，↓）的情形，武书连大学评价分别有 0 所、9 所、8 所，邱均平大学评价分别有 1 所、7 所、10 所。

（2）在 *X* 与 *Y* 反向关联描述上，武书连大学评价有 15 所，邱均平大学评价有 12 所。第 4、5 种即（↑，↓）、（↓，↑）的情形，武书连大学评价分别有 9 所、6 所，邱均平大学评价分别有 8 所、4 所。

（3）第 6、7 种情形，即（—，↑）、（—，↓）。该情形含义为“大学评价排名”*X* 不变，而“录取分数排名”*Y* 却上升或下降。出现以上 2 种情形的学校个数越少越表明 *Y* 受 *X* 的影响。武书连大学评价分别为 1 所、3 所，邱均平大学评价分别为 5 所、2 所。前者比后者少 3 所学校。

（4）第 8、9 种情形，即（↑，—）、（↓，—）。该情形表明“大学评价排名”*X* 上升或下降，而“录取分数排名”*Y* 不变，可从反面说明 *X* 对 *Y* 的影响，出现这 2 种情形的学校个数越少表明 *X* 对 *Y* 越有影响。武书连大学评价分别为 1 所、1 所，邱均平大学评价分别为 1 所、0 所。前者比后者多 1 所学校。

四、抑制效应和名校效应

（一）招生人数抑制效应对列联表的影响

在完全市场环境条件下，“大学评价排名”将通过正向影响报考人数和招生人数，进而影响“录取分数排名”。例如：一所大学的大学评价排名上升，会吸引更多的考生报考，录取分数线自然水涨船高。然而，在我国目前情况下，大学的招生人数是由政府主管部门制定的，是外生变量，不受“大学评价排名”的直接影响。在此情况下，“大学评价排名”如果与“招生人数”同向变动，则“大学评价排名”对“录取分数排名”的影响将被减弱，这种效应可称为“抑制效应”。如：“大学评价排名”上升，本来趋向引起“录取分数排名”也上升，但若“招生人数”也显著增加，则会一定程度抑制“录取分数排名”的上升，使后者不变甚至下降；若“大学评价排名”下降，趋向引起“录取分数排名”也下降，但若“招生人数”也显著减少，则会抑制“录取分数排名”的下降，使后者不变甚至上升。

表 2-14　招生人数对录取分数排名的影响

	招生人数增加	招生人数减少
大学评价排名上升	减弱	增强
大学评价排名下降	增强	减弱

“大学评价排名”与“录取分数排名”二维列联表中对角线上的数据，表明两个变量之间的同向变化，对角线上的学校个数越多，说明前者对后者的影响越显著。现在检验表2-12和表2-13中非对角线上的6种非同向变化情形：（↑，↓）、（↓，↑）、（—，↑）、（—，↓）、（↑，—）、（↓，—）学校的个数，以及这些学校中有多少受到了招生人数抑制效应的影响。这里假定：2008—2012

年，前后两年招生人数之和的增减量若超过5%，则认为招生人数有显著变化。应当指出，研究对象均为全国最优秀的“985高校”，报考此类学校的为全国最优秀的考生，因而，录取分数线对招生人数的变化异常敏感，假定5%的招生人数变化率是相对合理的。

从表 2-15、表 2-16 可见：武书连二维表中不在对角线上的 21 所学校中有 11 所受到招生人数变化的抑制影响，邱均平二维表中不在对角线上的 20 所学校中有 9 所受到招生人数变化的抑制，自变量与因变量之间的影响传导机制被扭曲，致使二者之间的同向相关关系有显著的降低。

（二）名校效应对列联表的影响

所谓“名校效应”，是一种心理效应，就是对中国顶尖的高校（如 C9）[①]，人们心理上存在高度的认可，这种认可是长期形成的，短期不容易发生改变。名校效应对列联表的影响主要针对（X,Y）的（↓，↑）、（—，↑）两种情形。即“大学评价排名”下降或不变，而“录取分数排名”却上升。名校效应的存在，使“大学评价排名”对“录取分数排名”影响的显著性相对名校而言有所降低。目前国内对“名校”没有统一的定义，本书将名校定义为“C9 高校”和在两个大学评价中均排名前 10 名的高校。

在武书连大学评价中，有 6 所学校存在名校效应：西安交通大学、中国科技大学、南京大学、华中科技大学、清华大学、北京大学。2008—2012 年西安交通大学的排名逐年下降，从 2008 年的第 10 名降到 12 年的第 15 名，但是录取分数排名反而连年上升，从 2008 年的第 36 名升到 12 年的第 19 名。其中

① 九校联盟（C9），中国首个顶尖大学间联盟，2009 年 10 月启动，联盟成员包括北京大学、复旦大学、哈尔滨工业大学、南京大学、清华大学、上海交通大学、西安交通大学、浙江大学、中国科学技术大学等 9 所高校。

固然有招生人数减少的抑制效应，但更主要的则是西安交大在河北省考生中具有极高的知名度和美誉度，这种名校心理效应使“大学评价”排名与“录取分数”排名呈现反向变化。在邱均平大学评价中，也有 6 所学校存在名校效应：北京大学、复旦大学、浙江大学、南京大学、武汉大学、中国科技大学。2008－2012 年复旦大学、浙江大学和南京大学三校的大学评价排名保持不变，但是录取分数排名却都呈逐年上升趋势。

表 2-15　武书连二维列联表中非对角线上学校影响效应统计

序号	学校名称	2008－2012 年本科招生数量（人）					大学评价	招生变化	抑制效应	名校效应
1	中南大学	240	262	268	265	279	↑	＋8%	√	
2	大连理工大学	240	245	233	226	235	↑	－5%		
3	重庆大学	251	256	258	265	228	↑	－3%		
4	北京理工大学	102	109	111	114	130	↑	＋16%	√	
5	南开大学	159	161	156	165	162	↑	＋2%		
6	中国农业大学	158	160	160	140	130	↑	－15%		
7	华南理工大学	85	87	94	92	94	↑	＋8%	√	
8	湖南大学	125	127	137	150	154	↑	＋21%	√	
9	电子科技大学	150	163	195	207	227	↑	＋39%	√	
10	西北农林科大	244	270	270	309	291	↑	＋17%	√	
11	西安交通大学	100	95	65	83	84	↓	－14%	√	√
12	中国科技大学	35	32	25	30	29	↓	－12%	√	√
13	北京师范大学	58	60	60	50	50	↓	－15%	√	
14	北京航空航天	142	157	151	152	154	↓	＋2%		
15	南京大学	38	39	34	44	41	↓	＋10%		√
16	华中科技大学	148	151	156	156	151	↓	＋3%		√
17	清华大学	55	37	40	28	42	↓	－24%	√	√
18	北京大学	43	34	30	26	25	—	－34%	√	√

（续表）

序号	学校名称	2008-2012 年本科招生数量（人）					大学评价	招生变化	抑制效应	名校效应
19	上海交通大学	64	42	33	32	32	—	−40%		
20	中国海洋大学	85	87	95	85	81	↓	−3%		
21	兰州大学	153	152	168	147	154	↑	−1%		

数据来源：河北省普通高校招生报考指南[M].北京：学苑出版社，2013.

武书连.挑大学选专业 2008—2012[M].北京：中国统计出版社，2012.

表 2-16　邱均平二维列联表中非对角线上学校影响效应统计

序号	学校名称	2008-2012 年本科招生数量（人）					大学评价	招生变化	抑制效应	名校效应
1	中南大学	240	262	268	265	279	↑	+8%	√	
2	大连理工大学	240	245	233	226	235	—	−5%		
3	重庆大学	251	256	258	265	228	↑	−3%		
4	西北工业大学	165	175	163	157	156	↑	−8%		
5	华南理工大学	85	87	94	92	94	↑	+8%	√	
6	湖南大学	125	127	137	150	154	↑	+21%	√	
7	吉林大学	330	336	351	351	362	↑	+7%	√	
8	电子科技大学	150	163	195	207	227	↑	+39%	√	
9	西北农林科大大学	244	270	270	309	291	↑	+17%	√	
10	中国科技大学	35	32	25	30	29	↓	−12%	√	√
11	中国人民大学	39	35	43	42	44	↓	+16%		
12	北京师范大学	58	60	60	50	50	↓	−15%	√	
13	北京航空航天大学	142	157	151	152	154	↓	+2%		
14	武汉大学	95	97	123	128	119	—	+29%		√
15	北京大学	43	34	30	26	25	—	−34%	√	√
16	复旦大学	23	28	25	25	26	—	—		√
17	浙江大学	60	64	74	76	70	—	+18%		√

（续表）

序号	学校名称	2008—2012 年本科招生数量（人）					大学评价	招生变化	抑制效应	名校效应
18	南京大学	38	39	34	44	41	—	+10%		√
19	上海交通大学	64	42	33	32	32	—	−40%		

数据来源：河北省普通高校招生报考指南[M].北京：学苑出版社，2013.邱均平，等.中国大学及学科专业评价报告2008-2012[M].北京：科学出版社，2012.

（三）抑制效应和名校效应的综合影响

从表 2-15 和表 2-16 可见，抑制效应和名校效应对列联表的影响不是独立的，有的学校同时受到两种效应的影响。如清华大学、北京大学、西安交通大学、中国科技大学等。这种情况下，X 和 Y 之间相关的显著性将更为降低。武书连和邱均平列联表中都有 13 所学校受到以上两种效应的影响，若排除掉存在抑制效应和名校效应的观测，则两个列联表中均还有 25 个有效观测。在以上有效观测中，两个列联表 X 和 Y 存在正向关联的分别是 17 个、18 个。据此，可得出两个大学评价与录取分数排名列联表中正向关联度分别为 68%、72%。此外，两个大学评价中有效观测的大学评价排名和录取分数排名列联表的卡方检验结果表明两个变量相关性显著。

五、结论及存在问题

通过上述分析，可以得到如下结论：武书连和邱均平两个大学评价中的数据具有高度的相关性和一致性。非参数检验方法与二维列联表分析均可表明，两个大学评价的数据总体分布无显著性差异；“大学评价排名”对“录取分数排名”的影响，会受到招生人数抑制效应和名校心理效应的干扰，以上两种效应会在一定程度上减弱甚至抵消前者对后者的影响；“大学评价排名”与“录取分数排名”之间存在较强的正相关。在招生数量保持稳定的条件下，“大学评价排名”的上升会引起“录取分数排名”的上升，即招生质量的提高。然而，研究中也存在一些问题。首先，受数据收集的局限，样本的选取限于“985”高校，所得结论是否适用于更广泛的一般高校，有待进一步验证；其次，研究中高校录取分数排名来源于河北省 2008—2012 年的数据，由于地域因素对考生填报志愿也有显著影响，如相对于南方高校，河北的考生更钟情于报考京津地区高校，故所得结论的外部效度有待于进一步检验。

第五节　大学评价与大学合并

在“深化高等教育体制改革”的要求下，合并成为高校优化资源配置、提升办学实力、实现跨越式发展的最佳形式。据教育部官网数据显示，1990—2006 年中国共发生 431 起大学合并的案例，涉及学校高达千余所；39 所“985 工程”大学中，23 所有过合并经历，比例高达 59%；中国管理科学研究院《2015 中国大学评价》中前 5 名的大学（北京大学、浙江大学、清华大学、上海交通大学及复旦大学）均有过合并历史。

当前，大学合并的浪潮已悄然退去，经历过合并的大学也都运行了十年甚至二十年之久，合并后的效果如何？本书在梳理中国大学合并历程的基础上，结合大学评价，研究大学合并对学科规模、学科结构及办学效果的影响，进而评价中国大学合并的效果。

一、大学合并的研究综述

大学合并是世界高等教育发展的普遍现象，世界各国和地区都曾经历或正在经历规模或大或小的大学合并。美国于 1988—1991 年每年有 6～11 件各种类型的高等教育合并案例；澳大利亚自 1989 年起，用 5 年时间，将 19 所大学与近百所高等教育学院合并成了 36 所大学；日本则于 2001 年出台了旨在对国立大学合并的“大学结构改革方针”，2003 年 4 月至 2005 年 3 月共发生 18 起大学合并。

近二三十年，大学合并也是高等教育研究领域的热点之一。国外学者多从合并的案例出发，归纳总结合并的理论基础、动机等；还有学者分别从经济效益、学术效益、组织层面和文化层面四个角度对合并的效果进行了评价。

国内学者针对高校合并也发表了大量的研究成果，为实践改革提供了一定的理论支撑。但研究多数局限在理论层面上的定性分析，如大学合并初期重点在于诠释大学合并的政策、论述大学合并的必要性与可行性、分析大学合并的过程和研究方法，后期则偏重于总结合并经验、揭示合并中存在的问题并提出对策等。

二、中国大学合并的基本类型

自反性、对称性和传递性是分类成立的必要条件，现有的关于大学合并的分类如根据合并学校实力的强弱、合并学校距离的远近以及合并学校的专业特点等，并没有形成权威、系统的划分标准。本书通过对中国大学合并情况的总结，依据合并前大学学科结构、学科规模的差异，将大学合并分为两类，即学科扩张性合并和学科叠加性合并。

（一）学科扩张性合并

学科扩张性合并，以学科扩张为主，初始状态的大学学科结构差异较大，如 2005 年上海交通大学（工科）与上海第二医科大学（医药）的合并就是学科扩张性合并。上海交通大学于 2005 年与上海第二医科大学合并，当时上海交通大学属于工科类院校，上海第二医科大学属于医科类院校，两校学科各不相同，差异较大，因此其合并属于学科扩张性合并。

（二）学科叠加性合并

学科叠加性合并，以学科叠加为主，初始状态的大学学科结构较为接近，存在“叠加”，如浙江大学与杭州大学等大学的合并就是叠加性合并。1998 年合并时的浙江大学为工科类，杭州大学为综合类，学校在学科上存在交集，属于叠加性合并。

三、中国大学合并类型的效果分析

中国的大学合并是政府主导的产物，合并后的效果如何？真正达到了优势叠加还是简单的专业相加？通过公式估算两种合并类型的系数，直观反映合并后的效果。

（一）学科扩张性合并的效果

学科扩张性合并促使学科增加、范围扩大，实现“全面”发展，以上海交通大学为例对合并后的效果进行分析（见表 2-17），同时参照中国管理科学研究院《中国大学评价》中的相关数据按照公式计算该类型的合并系数。

$$X_i = \frac{H_i}{Q_i}$$

其中，X_i代表 i 大学的合并系数，H_i代表 i 大学合并后的得分情况，Q_i代表 i 大学合并前的得分情况。

上海交通大学借助“规模效应”扩大学科门类、完善学科结构，实现了规模办学。合并的即时效果是，总得分由合并前的 117.35 分提高到合并后的 159.96 分，提高 42.61 分，增长了 36%。按照公式计算，总得分的合并系数高达 1.36；人才培养和科学研究两项的合并系数分别为 1.40、1.33；大学排名也由 2005 年的第 7 名跃升至 2006 年的第 4 名，后期稳居该名次，在规模效应的影响下“一步到位”。

表 2-17　上海交通大学合并前后评价得分情况

学校	总得分	人才培养	科学研究
上海交通大学合并前（2005）	117.35	51.14	66.21
上海交通大学合并后（2006）	159.96	71.71	88.25
系数	1.36	1.40	1.33

数据来源：中国管理科学研究院《2005 中国大学评价》与《2006 中国大学评价》。

（二）学科叠加性合并的效果

学科叠加性合并有利于实现学科互补、优势叠加，以浙江大学为例分析合并后的效果（见表 2-18），同时按照公式计算该类型的合并系数。

浙江大学凭借“叠加效应”提高了学校的综合实力，正如原浙江大学校长潘云鹤所说，“合并后，新浙江大学的生态环境和系统优势得到优化，有助于几年内使若干学科冲到世界最前沿的位置，并且通过不断强化多学科、强学科的优势，带动整个学科水平的提高”。合并的即时效果是，总得分由合并前的

97.45 分升至合并后的 106.18 分，提高 8.73 分，增长了 9%。按照公式计算，总得分的合并系数达到 1.09；自然科学和社会科学两项的合并系数分别为 1.01、2.80；大学排名由 1997 年的第 4 名升至 1998 年的第 2 名。合并的后续效果是，浙江大学于 2011 年超过清华大学和北京大学，升至第 1 名，并于 2012 年和 2013 年稳居榜首，在叠加效应的作用下“后续推进”。

表 2-18 浙江大学合并前后评价得分情况

学校	总得分	自然科学	社会科学
浙江大学 合并前（1997）	97.45	92.99	4.46
浙江大学 合并后（1998）	106.18	93.69	12.49
系数	1.09	1.01	2.80

数据来源：中国管理科学研究院《1997 中国大学评价》与《1998 中国大学评价》。

四、大学合并类型效果的特征分析

（一）学科扩张性合并呈“加法”效应，效果一般

根据中国管理科学研究院《中国大学评价》的数据显示，上海交通大学、北京大学、复旦大学等经扩张性合并后，学科规模扩大、结构完善，但大学排名与合并前的排名基本相同，变化不大。如上海交通大学只是由合并当年的第 7 名升至合并后的第 4 名，后期稳居于此。

（二）学科叠加性合并呈“乘法”效应，效果显著

根据中国管理科学研究院《中国大学评价》的数据显示，浙江大学与杭州大学等大学在经历过叠加性合并之后，2011－2013 年连续三年超过清华大学和

北京大学，稳居排行榜之首。

（三）叠加性合并效果强于扩张性合并

从大学排名上看，扩张性合并在规模效应的影响下往往一步到位，合并后的排名变化不大，如上海交通大学；叠加性合并在叠加效应的作用下“后续推进”，如浙江大学。

“985 工程”的建设目标是“为创建世界一流大学和一批国际知名的高水平研究型大学进一步奠定坚实基础，使一批学科达到或接近国际一流学科水平，经过更长时间的努力，建成若干所世界一流大学”。大学合并是提升办学实力、推动高校跨越式发展的最佳形式，而学科叠加性合并呈“乘法”效应，是合并中效果最显著的类型，此类型合并将是“985 工程”大学进入世界一流大学行列的最便捷途径之一。

第三章 “双一流”背景下的学科评价

“双一流”建设正式进入实施阶段。学科是建设世界一流大学的核心，只有建设一批世界一流学科，才有可能建成世界一流大学，而要建设世界一流学科就须认清现有学科与世界一流水平的差距，将学科放到世界范围内来进行比较。本章以当前世界范围内公认的较权威的学科绩效评估工具 ESI 作为数据来源，分别对普通高校、世界一流大学以及地方高水平大学的学科建设现状与建设绩效进行实证分析，有针对性地提出学科发展策略。

第一节 普通高校的 ESI 学科分布

《国家中长期教育改革和发展规划纲要（2010－2020年》提出“到2020年，建成一批国际知名、有特色、高水平的高等学校，若干所大学达到或接近世界一流大学水平。”学科建设是高水平大学建设的龙头，引领着高校人才培养、科学研究、社会服务和国际交流等各方面工作。学科水平决定大学办学层次，建设世界一流大学首先要建设一批世界一流学科[64]，而要建成世界一流学科则必须认清现有学科与世界一流水平的差距，将学科放到世界范围内来进行比较。ESI数据库作为一种定量分析工具，可以跟踪、评估学科建设效果，从而进行深层次分析，为国内高校学科建设政策制定和学科管理制度的完善提供客观依据，促进科学管理[65]。因此，利用ESI数据库全面深入分析我国当前学科建设状况，尤其是相关学科水平在世界学科排名中所处位置，针对存在问题，提出科学可行的对策与建议，对当前我国统筹建设“世界一流大学”和“世界一流学科”具有重要的现实意义。

一、研究对象的选取

ESI（Essential Science Indicators）即基本科学指标数据库，是ISI（美国科技信息所）于2001年推出的衡量科学研究绩效、跟踪科学发展趋势的基本分析评价工具。ESI包括了SCI和SSCI最近11年收录的论文及其引文数据，针对物理、化学、环境与生态学、计算机科学、临床医学等22个学科领域，从引文分析的角度分别对国家或地区、研究机构、期刊、论文以及科技工作者进行统计分析和排序，主要指标包括：论文数、总被引次数、高被引论文数、热点论文数等，是现今较权威的科学计量和评价工具[112]。ESI数据库可以从科研论文的角度相对客观地反映研究机构（大学）的学科水平及在国际上的学术影响力，因此被广泛运用于学科评价和分析。

ESI以10年为时间单元，每两个月更新一次，统计结果全面、更新速度快。依据ESI数据库2015年7月更新的2004年1月1日至2015年4月30日时段数据的检索结果（检索时间为2015年7月29日），我国大陆地区共有160所高校的610个学科进入ESI全球前1%。其中，源自154所普通高校的ESI学科595个，占比97.5%；源自国防科技大学、第二军医大学、第三军医大学、第四军医大学、解放军理工大学和海军工程大学6所军事院校的ESI学科15个，占比2.5%。普通高校几乎贡献了全部的ESI学科，是我国建设“世界一流大学”和“世界一流学科”的主要依托力量。因此，本书将研究对象确定为源自154所普通高校的595个ESI学科。

二、我国普通高校 ESI 学科的分布特征

（一）ESI 学科来源高校分布特征

将ESI学科入选高校按照层次划分为“985”高校、“211”高校、一般高校和中国科学院大学四类。因为中国科学院大学（简称“国科大”）虽不属于“985”、“211”高校，但其ESI学科指标却显著强于多数“985”高校，因而也不能将其归类为一般高校。因此，为使研究结论更加科学，本书将其单列。此外，为使分类具有完备性和可比性，本书中的“211”高校专指不属于“985”高校的“211”高校，一般高校是指除“985”高校和“211”高校之外的非重点建设高校。按上述分类标准，对595个ESI学科按照学校类型属性划分，结果见表3-1。

我国的 38 所“985”高校（不含国防科大）中，有 36 所高校拥有 ESI 学科，仅有中国人民大学和中央民族大学 2 所以人文社科研究见长的“985”高校没有 ESI 学科。36 所“985”高校共入围 341 个 ESI 学科，占普通高校 ESI 学科总数的近 60%，校均学科数为 9.5 个；共有 50 所“211”高校贡献了 135 个 ESI 学科，占普通高校 ESI 学科总数的 20%还要多，校均学科数为 2.7 个。然而还有 27 所“211”高校没有 ESI 学科，约占“211”高校总数的五分之一；源自 67 所一般高校的 109 个学科进入 ESI 全球前 1%，占 ESI 学科总数的近 20%，校均学科数为 1.6 个。

表 3-1　我国 ESI 学科的来源高校层次分布

指标	985 高校	211 高校	一般高校	国科大
高校数（占比）	36	50	67	1
	23.38%	32.47%	43.51%	0.65%
ESI 学科数（占比）	341	135	109	10
	57.31%	22.69%	18.32%	1.68%

（二）ESI学科的校际分布特征

对来源高校类型进行分析，发现 ESI 学科的校际分布极不均衡，极少数“985”高校“垄断”了绝大多数 ESI 学科。北京大学入围的 ESI 学科最多，拥有全部 22 个 ESI 学科中除微生物学、交叉学科和空间科学之外的 19 个学科；浙江大学以 18 个学科紧随其后，中山大学以 17 个学科位列第三，上海交大和复旦大学以 16 个学科并列第四，南京大学以 15 个学科位居第六。这 6 所高校拥有的 ESI 学科合计 101 个，约占我国普通高校 ESI 学科总数的 17%，是我国高校 ESI 学科的第一梯队，相对其他高校拥有绝对优势。拥有 10～14 个 ESI 学科的高校有 10 所，合计拥有 117 个学科，约占 ESI 学科总数的 20%；拥有 5～9 个学科的高校有 19 所，拥有 ESI 学科共计 135 个，占比约为 22%；拥有 1～4 个 ESI 学科的高校占绝大多数，为 119 所，拥有 ESI 学科共计 242 个，占比约为 41%。

可见，我国 ESI 学科高校层次呈明显“金字塔”型分布，极少数高校拥有 15 个以上的 ESI 学科，学科数量可以比肩世界一流高校，但绝大多数入围高校进入 ESI 全球前 1%的学科数量在 5 个以下，甚至有 51 所高校仅有 1 个学科入选，占入围高校总数的比例高达 33%；拥有 5～14 个 ESI 学科的中间层次高校数量也较少，占比还不到全部高校的 20%。

表 3-2　我国普通高校 ESI 学科的校际分布

分类指标	ESI 学科数（个）	高校数（所）	高校数占比（%）	学科数占比（%）
15 个以上（6 所）	19	1	3.9%	16.97%
	18	1		
	17	1		
	16	2		
	15	1		

（续表）

分类指标	ESI 学科数（个）	高校数（所）	高校数占比（%）	学科数占比（%）
10～14 个（10 所）	14	1	6.5%	19.66%
	13	1		
	12	5		
	10	3		
5～9 个（19 所）	9	3	12.3%	22.69%
	8	6		
	7	3		
	6	4		
	5	3		
5 个以下（119 所）	4	15	77.3%	40.67%
	3	25		
	2	28		
	1	51		

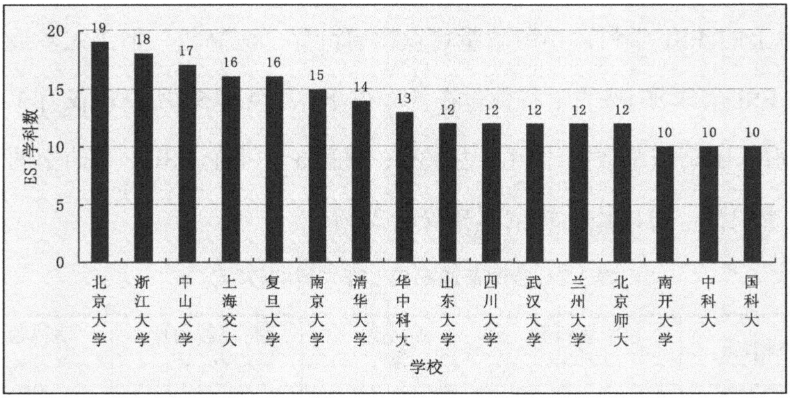

图 3-1　我国拥有 10 个以上 ESI 学科的高校统计

（三）ESI 学科校际指标差异分析

从 WOS 文献数、总被引频次、高被引论文数和热点论文数等 4 项 ESI 学科评价指标来看，我国 154 所普通高校近 11 年发表的 SCI/SSCI 检索论文共计 1353600 篇，被引用 1060.23 万次，其中高被引论文数为 13334 篇，近两年引用率快速增长的热点论文数为 432 篇。其中，“985”高校各项 ESI 指标数据所占全国高校的比重均在 60%～70%之间，“211”高校各项指标数据所占比重均在 20%左右，一般高校的 WOS 文献数、总被引频次两项指标所占比重在 15%左右，高被引论文数和热点论文数所占比重在 10%左右。

可见，占我国普通高校总数 5%的“985”高校和“211”高校是我国冲击“世界一流学科”的绝对主力，二者合计各项 ESI 指标数据占比高达 80%～90%，而占我国普通高校总数 95%的一般高校对建设“世界一流学科”的贡献率还不到 20%。

表 3-3　我国不同层次高校 ESI 学科指标差异

指标	WOS 文献数（万篇）	总被引频次（万次）	高被引论文数（篇）	热点论文数（篇）
	占比（%）	占比（%）	占比（%）	占比（%）
985 高校	80.21	685.21	8759	291
	59.26	64.63	65.69	67.36
211 高校	29.46	207.05	2752	82
	21.76	19.53	20.64	18.98
一般高校	22.68	148.3	1512	50
	16.76	13.99	11.34	11.57
国科大	3.01	19.67	311	9
	2.22	1.86	2.33	2.08
合计	135.36	1060.23	13 334	432

（四）ESI 学科的来源地域分布特征

（1）区域分布。我国ESI入围高校和入选学科在东部、中部、西部和东北四大区域均呈现“梯度递减”分布。从入围高校角度看，东部地区入围高校为89所，占全部入围高校的近60%，中部、西部和东北地区的入围高校数量相差不大，均为20所左右。从入选学科角度看，东部地区的入选学科高达385个，占全部入选学科的65%；中部地区的入选学科为93个，占比为16%，比东部地区相差近50个百分点；西部地区的入选学科比中部地区少27个，所占比例比中部低4.5个百分点；东北地区入选学科数量最少，占全部入选学科的比例还不到10%。

表 3-4　我国普通高校 ESI 学科的区域分布

区域指标	高校		ESI 学科	
	数量（所）	占比（%）	数量（个）	占比（%）
东部	89	57.79	385	64.71
中部	25	16.23	93	15.63
西部	22	14.29	66	11.09
东北	18	11.69	51	8.57
合计	154	100	595	100

（2）省域分布。我国大陆地区共有 25 个省（区、市）拥有 ESI 学科，省均学科数约为 25 个。具体到省域分析，北京拥有的 ESI 学科最多，以 100 个学科数高居全国之首；江苏、上海紧随其后，拥有 ESI 学科分别为 73 个、67 个；京苏沪三省拥有 ESI 学科数合计为 240 个，占我国高校 ESI 学科总数的 40%以上。湖北、广东、山东、浙江四省的 ESI 学科数在 30～40 个之间，也高于全国平均水平；其余的 18 个省份 ESI 学科数均低于全国平均水平，其中河南、重庆、河北、山西、江西、广西、云南和新疆 8 个省（自治区、市）的 ESI 学科数为 10 个以下；贵州、宁夏、青海、西藏、内蒙古和海南 6 个省（自治区）还没有 ESI 学科。可见，我国 ESI 学科的省域分布与优质高等教育资源

分布基本一致，呈现极不平衡的状态。

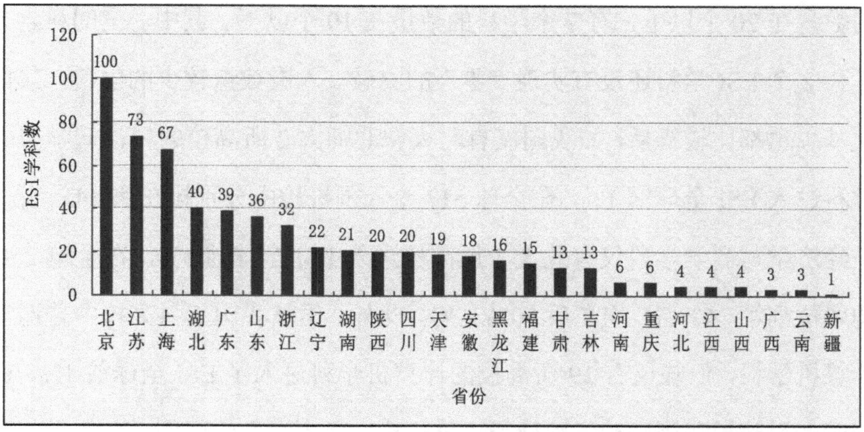

图 3-2 我国普通高校 ESI 学科的省域分布

（五）ESI 学科的学科领域分布特征

从 ESI 的 22 个学科维度进行分析，我国高校入围的 595 个学科共涉及 20 个 ESI 学科领域。化学、工程学、材料科学和临床医学 4 个学科数量位居前列。其中，化学学科入选 97 个，位居榜首。这四个学科是我国高校的强势学科，是我国最有实力冲击 ESI 全球前 1‰“世界顶尖学科”的有力竞争者。以化学和工程学学科为例，全球有 1069 个机构入围化学学科 ESI 全球前 1%，我国有 14 所高校的化学学科位列世界前 100 强，24 所高校的化学学科位列前 200 强。其中浙大、清华、南大和北大分列第 20、23、29 和 30 名。全球共有 1170 个机构入围工程学学科 ESI 全球前 1%，我国有 10 所高校的工程学学科闯入世界前 100 强，17 所高校的工程学学科进入世界前 200 强。其中清华、上海交大、哈工大和浙大分列第 7、15、19 和 29 名。这表明，我国的“985 工程”和“211 工程”重点大学建设取得显著成效，有一些学科已成为引领全球学科发展的世界顶尖学科。

同时也应看到，我国高校绝大多数 ESI 学科分布还比较薄弱，有 11 个学科的数量在 20 个以下，有 7 个学科的数量在 10 个以下。其中，空间科学、交叉学科 2 个 ESI 学科还没有实现“零”的突破。入围数量较少的学科，其排名位次基本也都比较靠后，如我国仅有北大和北师大 2 所高校的精神病学与心理学学科进入 ESI 全球前 1%，在全球 517 个入围机构中分别排在第 345、第 481 名，经济学与商学学科仅有北大 1 所高校进入 ESI 全球前 1%，在全球 250 个机构中位列第 142 名，均在后 50%之列。此外，虽然我国工科高校中普遍设置了计算机学科，但却仅有 19 所高校的计算机学科进入了 ESI 全球前 1%，在一定程度上反映了我国高校学科建设“重规模、轻内涵”的问题，必须引起高度重视。

表 3-5　我国普通高校 ESI 学科的学科领域分布

序号	学科领域	数量（个）	占比（%）
1	化学	97	16.30
2	工程学	87	14.62
3	材料科学	69	11.60
4	临床医学	56	9.41
5	物理学	34	5.71
6	生物与生物化学	32	5.38
7	植物与动物科学	31	5.21
8	农业科学	30	5.04
9	药理学与毒理学	27	4.54
10	数学	25	4.20
11	环境学与生态学	24	4.03
12	计算机科学	19	3.19
13	地球科学	17	2.86
14	神经科学与行为科学	14	2.35

（续表）

序号	学科领域	数量（个）	占比（%）
15	社会科学	12	2.02
16	分子生物学与遗传学	8	1.34
17	免疫学	7	1.18
18	微生物学	3	0.50
19	精神病学与心理学	2	0.34
20	经济学与商学	1	0.17
21	交叉学科	0	0.00
22	空间科学	0	0.00

（六）ESI 学科的排名位次分布特征

我国高校 ESI 学科的数量和分布领域已经相当可观，但是其学科质量究竟如何？为解答上述疑问，需要对入选学科在本学科领域的排位进行深入分析。将某学科在 ESI 数据库中的全球总排名除以该学科入围机构总数，即得到某个学科排名的位次。将学科位次降序排列，并分为六档，其中位次在前 10%之内的为世界顶尖水平的 ESI 全球前 1‰学科，位次在 50%之后的为 ESI 学科中相对落后的学科。具体排名结果见表 3-6。

我国高校共有 49 个学科进入排位第一档，即 ESI 全球前 1‰，占 ESI 学科总数的 8%。入围学科多分布在化学、工程学、材料科学等领域，这三个学科入围排名前 10%的学科比例均在 10%以上。值得一提的是清华大学的工程学在 ESI 全球前 1%的 1170 个科研机构中位列第 7 名，已跻身该学科“万分之一”，上海交大和哈工大的工程学则分列第 15 名和第 19 名，清华的材料科学在全球 718 个机构中位列第 9 名，也有实力冲击 ESI “万分之一俱乐部”。学科排位在第六档，即 50%之后的学科共有 313 个，占全国 ESI 学科总数的 53%。排位在第二至五档的学科数量大多在 60 个左右，所占比重均在 10%左右。

虽然国内若干一流高校的优势学科发展已达到世界顶尖水平，但是总体来看，我国高校 ESI 学科质量和水平还不容乐观。有 11 个 ESI 学科没有排名在前 10%的高校，8 个 ESI 学科没有排名在前 20%的高校，6 个 ESI 学科没有排名在前 30%的高校，5 个 ESI 学科没有排名在前 40%的高校，4 个 ESI 学科没有排名在前 50%的高校，已进入 ESI 全球前 1%的学科中有超过一半的学科排名位次在 50%之后。

表 3-6　我国普通高校 ESI 学科的排名位次分布

序号	学科	≤10%	11%～20%	21%～30%	31%～40%	41%～50%	≥50%
1	化学	15	9	4	8	10	51
2	工程学	12	12	12	8	10	33
3	材料科学	9	15	8	7	5	25
4	临床医学	4	9	8	11	5	19
5	物理学	2	1	2	3	2	24
6	生物与生物化学	0	1	4	1	2	24
7	植物与动物科学	2	2	3	2	4	18
8	农业科学	3	4	1	1	0	21
9	数学	0	0	2	4	3	16
10	药理学与毒理学	0	6	3	1	1	16
11	环境学与生态学	0	1	3	2	3	15
12	计算机科学	1	2	1	6	2	7
13	地球科学	1	1	2	2	3	8
14	神经与行为科学	0	0	0	1	3	10
15	社会科学	0	0	1	1	2	8
16	分子生物与遗传学	0	0	0	0	3	5
17	微生物学	0	0	0	0	0	3

（续表）

序号	学科	≤10%	11%-20%	21%-30%	31%-40%	41%-50%	≥50%
18	免疫学	0	0	0	0	0	7
19	精神病学与心理学	0	0	0	0	0	2
20	经济学与商学	0	0	0	0	0	1
合计（个）		49	63	54	58	58	313
占比（%）		8.24	10.59	9.08	9.75	9.75	52.61

三、启示与建议

通过对我国普通高校2004年1月1日至2015年4月30日时段ESI学科数据的相关分析表明：

（1）ESI学科建设成效显著，仍需加大力度。经过“985工程”和“211工程”三期的持续建设，我国重点高校的ESI学科数量得到快速增长，有若干所国内顶尖高校的ESI学科数量已接近世界一流大学水平，一些优势学科甚至已经跻身ESI全球前1‰，成为世界顶尖学科。但是从总体来看，我国高校进入ESI全球前1%的机构和学科数量还偏少，在全球4788个入围机构中占比仅为3%。即使以建设“世界一流大学”为目标的38所“985”高校，也有23所的ESI学科数量在10个以下。其中，重庆大学、西北工业大学和西北农林科技大学三所高校的ESI学科数竟然还不及首都医科大学、南京医科大学、江苏大学和扬州大学等地方高校，而中国人民大学和中央民族大学至今都还没有1个学科入围ESI全球前1%。

建设世界一流大学和一流学科是一个长期而艰苦的过程，“985”高校作为中国一流大学的杰出代表，应承担更为重要的责任，需要采取相应措施，加大ESI学科建设力度，优化学科布局结构，建议在保持化学、工程学、材料科学和临床医学等优势学科的基础上，逐步加强对生命科学等国际上较重视的学科领域的科研经费投入，促进新兴交叉学科发展，保持科学研究与国际前沿的紧密联系，不断增强科研创新能力，增强学科的国际影响力。

（2）ESI学科分布不均，优质资源失衡。这种失衡体现在两个方面，一是校际之间的失衡，即“985”高校、“211”高校和地方一般高校之间的失衡，占我国普通高校总数5%左右的“985”高校和“211”高校“囊括”了我国普通高校80%的ESI学科，其中36所“985”高校拥有的ESI学科数占比近60%，而我国2100余所地方高校中仅有67所拥有ESI学科，占比仅为3%，绝大多数地方高校还没有ESI学科；二是地区之间的失衡，我国高校中65%的ESI学科分布在东部沿海省份，其中北京、江苏、上海三个省（市）拥有的ESI学科数就占全国的40%，而中西部地区13个省份的ESI学科数均在10个以下，其中有5个省份至今还没有ESI学科。

ESI学科资源分布失衡，对优化教育资源布局和学术生态系统的形成可能带来一些不利影响。建议教育主管部门研究相关措施，在保证“985”和“211”等重点高校学科建设基本投入的情况下，考虑逐步增加对地方高校优势学科，尤其是ESI全球前1%学科发展的重视程度。在统筹“世界一流学科”建设总体规划中，考虑给地方高校ESI学科建设适当的政策倾斜。同时，建议国家在“十三五”时期继续实施“中西部高等教育振兴计划”，加大东部高校对西部高校的对口支援力度，重点支持中西部地区“省部共建高校”的学科发展。

（3）社会科学ESI学科数量偏少，发展相对滞后。社会科学是人类认识和改造社会的科学，一个国家的社会科学水平决定了这个国家认识和改造人类社会的能力。国务院2012年发布的统计数据显示，我国的文科博导有9273名，占全国博导总数的23%，文科博士生占博士总数的28%，文科硕士生占硕士总数的42%[66]，据此估计我国高校的文科研究力量占全国的比例约为30%左右。然而，全国仅有12所高校入围ESI的社会科学总论学科，仅有1所高校入围ESI的经济学与商学学科，人文社会学科入围ESI学科的比例仅为2%，这与我国人文社科研究力量比例极不相称，严重阻碍了我国人文社会科学的国际化进程。

根据对中国社会科学引文数据库（CSSCI）的统计，2010年－2014年我国学者年均发表CSSCI检索论文9万余篇，但是在ESI数据库检索到的SSCI论文却仅有6058篇。究其原因，一方面可能是我国社科研究人员还不太重视在国际期刊发表论文，另一方面可能是有些研究人员的英文写作水平还比较低，未达到在国际高水平期刊发表论文的要求。为尽快提高我国高校人文社科ESI学科建设水平，建议高校管理者研究制定相关政策，在各类评价中加大对国际高水平论文的倾斜，引导教师在SSCI期刊发表更多具原创性、高水平的国际论文，并且注重加强国际和国内院校合作，提升论文有效引用次数。同时，建议高校加大对高校教师尤其是青年教师的外语培训，使其尽快掌握英语专业论文的写作技能，培育和储备一批具有国际水准的人文社会学科后备研究力量。

（4）ESI学科数量已具一定规模，质量有待提高。我国高校在本学科领域排名前10%的ESI学科数量仅占全部学科的8%，超过一半的学科在本领域排名50%以后，有4个学科没有排名在前50%的高校，空间科学和交叉学科等2个ESI学科还没有实现“零”的突破。这表明，我国高校ESI学科的总体发展水平还比较落后，学科国际化水平还不够高，学科建设任重道远。

对以建设“世界一流大学”为目标的少数“985”高校而言，追求ESI学科数量的增长尚在情理之中。但是，对大多数的“211”高校和地方高校而言，可能应将学科发展的注意力更多地放在内涵建设上来，走以质量提升为核心的内涵式发展道路。建议教育主管部门不应唯“ESI学科数量”论英雄，而应当尊重学科发展的内在规律，建立更加科学的学科评价体系，更加关注ESI论文总被引频次、高被引论文数以及热点论文数等能够反映学科发展质量的指标，促进我国ESI学科的科学和可持续发展。

第二节　世界一流大学的ESI学科分布

《国家中长期教育改革和发展规划纲要（2010－2020年》提出“到2020年，建成一批国际知名、有特色、高水平的高等学校，若干所大学达到或接近世界一流大学水平”[99]。2015年11月5日，国务院正式印发《统筹推进世界一流大学和一流学科建设总体方案》（以下简称《总体方案》），提出要加快建成一批世界一流大学和一流学科[67]。“985工程”是1998年启动的我国为创建世界一流大学而实施的高等教育建设工程。入围该工程的“985”高校代表了我国高等教育的顶尖水平，是我国“世界一流大学建设”的主要依托力量。学科作为人类社会的知识生产体系和组织体系，其发展既是人类知识和智慧的凝聚，也是人类认知能力和社会文明进步的重要标志。学科是建设世界一流大学的核心，只有建设一批世界一流学科，才有可能建成世界一流大学，而要建设世界一流学科就须认清现有学科与世界一流水平的差距，将学科放到世界范围内来进行比较。

ESI数据库作为一种定量分析工具，可以跟踪、评估学科建设效果，从而进行深层次分析，为国内高校学科建设政策制定和学科管理制度的完善提供客观依据，促进科学管理[65]。国内教育主管部门已开始将ESI数据库作为评价高校学科发展的重要指标，如教育部和财政部公布的“高等学校创新能力提升计划”实施方案明确要求“将是否进入ESI学科世界排名前1%”作为申报“面向科学前沿的协同创新中心”的评审要求[68]。因此，利用ESI数据库全面深入分析“985”高校当前的学科建设状况，尤其是相关学科水平在世界学科排名中所处的位置，针对存在问题，提出科学可行的对策建议，对当前我国统筹推进世界一流大学和一流学科建设具有重要的现实意义。

一、研究对象与研究方法

美国科学信息研究所（ISI）的基本科学指标数据库ESI（Essential Science Indicators）包括SCI和SSCI最近11年收录的论文及其引文数据，针对数学、物理、化学、环境与生态学、计算机科学、临床医学等22个学科领域，从引文分析角度分别对国家或地区、研究机构、学科、期刊、论文以及科学家进行统计分析和排序，形成若干个子数据库，其中ESI世界前1%学科数据库在我国具有较大的影响力[112]。ESI数据库从科研论文的角度，相对客观地反映研究机构的学科水平及其在国际上的学术影响力，每两个月更新一次，统计结果全面，更新速度快，目前已经成为科学评价的标杆数据库，被广泛运用于学科评价和分析中[69]。

根据ESI数据库2015年11月更新的2004年1月1日至2015年8月31日时段数据的检索结果（检索时间为2015年11月17日），我国大陆地区共有167所高校的636个学科进入ESI世界排名前1%。其中，38所“985”高校的349个学科入围ESI世界前1%，占我国高校入围ESI学科总数的一半以上。“985”高校的ESI学科有哪些分布特征，学科建设存在哪些问题，对存在问题应采取什么对策？这些都是本节要分析和解决的问题。

二、985 高校 ESI 学科分布现状

（一）ESI 学科来源高校分布

按照办学层次的不同，我国普通高校可分为“985工程”高校、“211工程”高校和非重点建设高校三类，其中，“211工程”高校按照主管部门归属又可分为部属“211”高校和省属“211”高校两类。此外，由于中国科学院大学虽然不属于重点建设高校，但其各项办学指标却显著强于大多数“985”高校，故本研究将其单列。按上述分类标准，对2015年11月我国高校入围ESI世界前1%的636个学科按学校层次属性进行划分，结果见表3-7所示。

表 3-7　我国 ESI 世界前 1%学科的来源高校层次分布

指标	985 高校	211 高校		非重点建设高校	中国科学院大学
		部属	省属		
高校数（占比）	38	33	19	76	1
	22.75%	19.76%	11.38%	45.51%	0.6%
ESI 学科数（占比）	349	98	50	128	11
	54.87%	15.41%	7.86%	20.13%	1.73%
校均学科数	9.18	2.97	2.63	1.68	11

38所“985”高校拥有ESI学科349个，占入围学科总数的55%；52所“211”高校拥有148个ESI学科，占比为23%。其中，省属“211”高校的ESI学科数约为部属“211”高校的一半；76所非重点建设高校拥有的ESI学科为128个，占比为20%；中国科学院大学一所高校就拥有11个ESI学科，在全国高校中排名第14位。985高校的校均ESI学科数为9.2个/校，211高校的校均学科数为2.8个/校，约相当于985高校的30%，其中部属211高校的校均学科数略高于省属211高校，非重点建设高校的校均ESI学科数仅为1.7个/校，相当于985高校的

18%、211高校的60%。

从ESI学科在985高校之间的分布来看，39所985高校中除中央民族大学外，其他38所985高校均拥有至少1个ESI学科。北京大学以19个ESI学科位居全国高校榜首，浙江大学以18个ESI学科位居第二，复旦大学和中山大学以17个ESI学科并列第三。拥有15个以上ESI学科的高校还有上海交通大学、清华大学和南京大学等3所高校。以上7所高校是ESI学科的第一集团，合计拥有117个ESI学科，占全部985高校ESI学科数的三分之一以上，占全国高校ESI学科总数的近五分之一。拥有10～13个和5～9个ESI学科的985高校分别有9所和14所，各拥有103个和106个ESI学科，约占985高校ESI学科数的三分之一，占全国高校ESI学科总数的16%。还有8所985高校的ESI学科数在5个以下，其中，中国人民大学时至2015年11月才拥有第一个ESI学科（化学），国防科技大学和西北农林科技大学各拥有2个ESI学科，西北工业大学和重庆大学各拥有3个ESI学科，以上5所高校的ESI学科数在985高校中排名最为靠后。

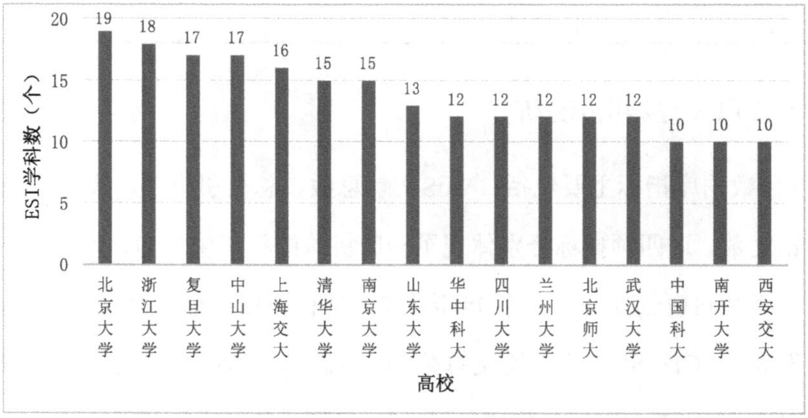

图 3-3 2015 年 11 月我国拥有 10 个以上 ESI 学科的 985 高校

表 3-8　985 高校 ESI 世界前 1%学科的校际分布

学科数区间	ESI 学科数（个）	高校数（所）	高校数占比（%）	学科数（个）	学科占 985 高校比（%）	学科占全国高校比（%）
≥15 个（7 所）	19	1	18.42	117	33.52	18.40
	18	1				
	17	2				
	16	1				
	15	2				
10～13 个（9 所）	13	1	23.68	103	29.51	16.19
	12	5				
	10	3				
5～9 个（14 所）	9	3	36.84	106	30.37	16.67
	8	7				
	6	3				
	5	1				
＜5 个（8 所）	4	3	21.05	23	6.59	3.62
	3	2				
	2	2				
	1	1				

（二）ESI 学科指标分析

ESI数据库指标主要包括：WoS文献总数、总被引频次、高被引论文数和热点论文数，这四项指标分别体现了一所机构的科研生产力、科研影响力、科研发展力和科研创新力[70]。从985高校ESI学科各项指标角度看，近十年来985高校发表的SCI和SSCI检索论文总数为77.12万篇，约占全国高校总数的68%；985高校发表的WoS文献总共被引用698.44万次，约占全国高校WoS论文被引总数的72%；高被引论文是某一科学家、机构、国家/地区以及期刊在特定学科领域和年限中的被引频次排名在世界前1%的论文，985高校的高被引论文共计

8862篇，占全国高校高被引论文总数的72%；热点论文是指近两年内各学科领域中被引频次在最近两个月内排名位于全球前0.1%的论文，985高校的热点论文数为266篇，占全国高校热点论文总数的76%。可见，985高校的各项ESI学科指标在全国高校中基本上占据了70%以上的比重，对我国高校ESI学科的发展起到了举足轻重的作用。

表 3-9　985 高校 ESI 学科各项指标占全国高校的比重

类别 指标	985 高校数据	全国高校数据	985 高校占比（%）
WoS 文献数（万篇）	77.12	113.67	67.85
总被引频次（万次）	698.44	975.77	71.58
高被引论文数（篇）	8862	12331	71.87
热点论文数（篇）	266	352	75.57

（三）ESI 学科领域分布

从 985 高校 ESI 学科领域分布看，38 所 985 高校的 349 个 ESI 学科共涉及 20 个学科领域，仅有空间科学、综合交叉学科 2 个学科领域没有涉及。从 ESI 学科数量维度分析，工程学、化学和材料科学等 3 个领域的 ESI 学科数量位列前三甲，均在 30 个以上，物理学、生物学与生物化学、临床医学、数学、环境学与生态学 5 个领域的 ESI 学科数均在 20～30 个之间，计算机科学、农业科学等 7 个领域的 ESI 学科数在 10～20 个之间，已具备一定的发展基础，是 985 高校的潜在优势学科；分子生物学与遗传学、免疫学等 5 个领域的 ESI 学科数在 10 个以下，是 985 高校的相对劣势学科，未来需要加大建设力度。

ESI学科数占全国高校比重指标体现了985高校相对于其他层次高校的相对优势。从学科数占比指标分析，985高校在微生物学、经济学与商学、精神病学与心理学、社会科学总论、分子生物学与遗传学等5个学科领域所占比重为90%以上，其中前3个领域所占比例为100%；985高校在数学、环境学与生态学、物理学、计算机科学等4个领域所占比重在80%～90%之间；在免疫学、神经与行为科学、生物学与生物化学、地球科学等4个领域，985高校所占比重约为70%～80%；在药理学与毒理学、植物学与动物学、农业科学等3个领域，985高校所占比重约为50%左右；在材料科学、工程学、临床医学、化学等4个领域，985高校所占比重均在50%以下，这4个领域属于985高校的相对劣势学科。

表 3-10　985 高校各领域 ESI 世界前 1%学科占全国高校的比重

ESI 学科领域	985 高校学科数（个）	全国高校学科总数（个）	985 高校学科数占比（%）
工程学	36	93	38.71
化学	35	103	33.98
材料科学	34	75	45.33
物理学	28	33	84.85
生物学与生物化学	27	37	72.97
临床医学	21	59	35.59
数学	21	24	87.5
环境学与生态学	20	23	86.96
计算机科学	18	22	81.82
农业科学	17	33	51.52
植物学与动物学	17	32	53.13
药理学与毒理学	17	31	54.84
社会科学总论	12	13	92.31
地球科学	11	16	68.75
神经科学与行为科学	11	15	73.33
分子生物学与遗传学	9	10	90

（续表）

ESI 学科领域	985 高校学科数（个）	全国高校学科总数（个）	985 高校学科数占比（%）
免疫学	7	9	77.78
微生物学	4	4	100
经济学与商学	2	2	100
精神病学与心理学	2	2	100
合计	349	636	54.87

（四）ESI 世界 100 强学科分布

ESI 世界 100 强学科的分布可以为我们深入了解 985 高校世界高水平学科建设现状提供一个视角。我国高校共拥有 65 个 ESI 世界 100 强学科，其中，有 57 个学科分布在 24 所 985 高校，还有 5 个学科分布在中国地质大学、南京农业大学、华东理工大学、江南大学和北京科技大学 5 所 211 高校，2 个学科分布在中国科学院大学，还有 1 个学科分布在沈阳药科大学。特别值得一提的是，沈阳药科大学的药理学与毒理学学科跻身世界第 90 名，成为入围 ESI 世界 100 强学科中唯一一所省属高校。

从 ESI 世界 100 强学科的校际分布看，浙江大学入围学科数最多，为 7 个。清华大学、北京大学并列第二，拥有百强学科数均为 6 个。上海交通大学、中国科学技术大学以 4 个入围学科并列第四。复旦大学和大连理工大学各拥有 3 个入围学科，南京大学等 7 所高校各有 2 个学科入围，北京师范大学等 10 所高校各有 1 个学科入围。可见，ESI 世界 100 强学科在 985 高校之间分布也不均衡。其中，前五强的高校就拥有 27 个百强学科，占 985 高校世界 100 强学科总数的近一半，有四分之一的 985 高校仅拥有 1 个百强学科，有 15 所 985 高校至今还没有 1 个百强学科。

表 3-11　985 高校 ESI 世界 100 强学科的校际分布

ESI 世界前1‰学科数	高校数（所）	高校名称	学科数合计（个）	学科数占比（%）
7	1	浙江大学	7	12.28
6	2	清华大学、北京大学	12	21.05
4	2	中国科学技术大学、上海交通大学	8	14.04
3	2	复旦大学、大连理工大学	6	10.53
2	7	南京大学、哈尔滨工业大学、东南大学、吉林大学、四川大学、天津大学、中国农业大学	14	24.56
1	10	北京师范大学、华南理工大学、华中科技大学、兰州大学、南开大学、厦门大学、武汉大学、西安交通大学、中南大学、中山大学	10	17.54

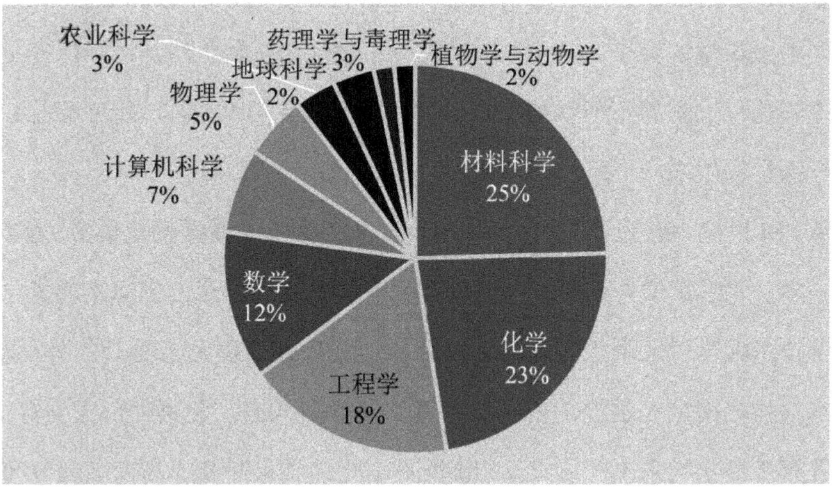

图 3-4　985 高校 ESI 世界 100 强学科结构分布图

从 ESI 世界 100 强学科的分布领域看，985 高校的 ESI 百强学科主要分布在 10 个学科领域。其中，材料科学、化学和工程学这三个领域入围学科数量在 10 个以上，是 985 高校同时也是我国高校的强势学科。数学、计算机科学、物理学分别有 7 个、4 个、3 个学科入围，是我国高校的潜在优势学科，需要加大建设力度。药理学与毒理学、地球科学、植物学与动物学分别有 2 个、1 个、1 个学科入围，是未来 985 高校要重点培育的学科。同时，不能忽视的是 985 高校在其他 12 个学科领域还没有实现 ESI 世界 100 强学科的突破。

（五）ESI 学科位次分布

学科位次是指某学科在该学科领域全部入围机构中的相对排名，设某高校ESI学科位次为P，则：

$$P=\frac{\text{机构学科排名}}{\text{该学科领域入围学科总数}}\times 100\%$$

P越小，表明该机构的学科排名越靠前；P=1表示该机构在入围机构中排最后一名。

从985高校ESI学科位次排名看，349个ESI世界前1%学科中有191个位于前50%，占比约为55%，有158个学科位于后50%，占比约为45%。其中，位次在前10%和11%～20%的学科分别有44个和47个，占ESI学科总数的比例均为13%左右，学科领域主要集中在化学、工程学、材料科学和临床医学等我国高校的优势领域；位于21%～30%和31%～40%的学科分别有35个和38个，占学科总数的比例均为10%左右，入围学科不仅覆盖工程学、材料科学、化学和临床医学四大优势学科，还涉及计算机科学、数学、物理学、生物学与生物化学等学科领域；位于41%～50%的学科有27个，占比为7.7%，学科领域分布比较分散。

表 3-12　985 高校 ESI 世界前 1%学科的位次分布

序号	学科领域	≤10%	11%～20%	21%～30%	31%～40%	41%～50%	51%～100%	合计
1	工程学	12	10	5	5	1	3	36
2	化学	13	6	4	3	2	7	35
3	材料科学	9	12	4	5	1	3	34
4	物理学	2	1	2	3	2	18	28
5	生物学与生物化学	0	1	4	1	2	19	27
6	临床医学	4	6	3	3	1	4	21
7	数学	0	0	1	5	3	12	21
8	环境学与生态学	0	1	2	2	1	14	20
9	计算机科学	1	2	2	5	1	7	18
10	农业科学	2	2	0	1	1	11	17
11	植物学与动物学	1	1	3	1	2	9	17
12	药理学与毒理学	0	4	3	1	1	8	17
13	社会科学总论	0	0	1	1	2	8	12
14	地球科学	0	1	1	0	3	6	11
15	神经科学与行为科学	0	0	0	1	2	8	11
16	分子生物学与遗传学	0	0	0	1	2	6	9
17	免疫学	0	0	0	0	0	7	7
18	微生物学	0	0	0	0	0	4	4
19	经济学与商学	0	0	0	0	0	2	2
20	精神病学与心理学	0	0	0	0	0	2	2
合计（个）		44	47	35	38	27	158	349
占比（%）		12.61	13.47	10.03	10.89	7.74	45.27	100

（六）ESI 世界前 1‰学科分布

将985高校ESI世界前1%学科按排名位次升序排列，位于前10%的学科即为ESI世界前1‰学科，这些学科在世界范围内属于一流水准。我国有27所高校拥有共计49个ESI世界前1‰学科。其中，985高校有22所拥有共计44个ESI世界前1‰学科，还有17所985高校没有ESI世界前1‰学科。华东理工大学、江南大学、南京农业大学、中国地质大学和中国科学院大学等5所“非985工程”高校各拥有1个ESI世界前1‰学科。

从 ESI 世界前 1‰学科的校际分布来看，清华大学拥有的学科数为 5 个，居 985 高校之首，其中，清华大学的工程学学科在 1210 个入围 ESI 世界前 1%的机构中位列第 7 名，已跻身 ESI 前万分之一学科。北京大学、浙江大学和中国科学技术大学等 3 所高校各有 4 个学科入围，上海交通大学和复旦大学各有 3 个学科入围，中山大学等 5 所高校各有 2 个学科入围，南京大学等 11 所高校各有 1 个学科入围。

表 3-13　985 高校 ESI 世界前 1‰学科的校际分布

ESI 世界前 1‰学科数	高校数（所）	高校名称	学科数合计（个）	学科数占比（%）
5	1	清华大学	5	11.36
4	3	北京大学、浙江大学、中国科学技术大学	12	27.27
3	2	上海交通大学、复旦大学	6	13.67
2	5	中山大学、哈尔滨工业大学、吉林大学、中国农业大学、大连理工大学	10	22.73
1	11	南京大学、东南大学、武汉大学、华中科技大学、华南理工大学、南开大学、天津大学、厦门大学、四川大学、西安交通大学、中南大学	11	25.00

从985高校ESI世界前1‰学科领域分布看，入围学科集中分布在8个学科领域。化学、工程学、材料科学3个学科入围数量位列前三甲，分别拥有13个、12个、9个入围学科，这三个学科领域是我国高校名符其实的世界一流学科，不仅入围学科数量多，而且学科位次排名普遍靠前。临床医学学科有4个入围学科，位列第四。物理学、农业科学各拥有2个入围学科，计算机科学、植物学与动物学则各有1个入围学科。应当看到，985高校入围ESI世界前1‰学科领域还不够广泛，有待进一步拓展。

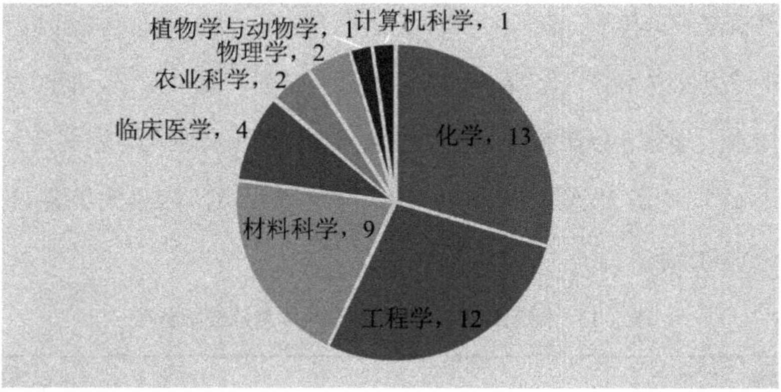

图 3-5　985 高校 ESI 世界前 1‰学科结构分布图

三、存在问题与对策

（一）ESI 学科分布存在显著失衡

985高校ESI学科分布很不均衡，主要体现在两个方面。一是校际分布不均衡，虽然北京大学、浙江大学等国内顶尖高校的ESI学科数量已接近20个，可比肩加州理工学院、普林斯顿大学等世界一流名校，但总体来看，985高校的校均ESI学科数仅为9个，有20所985高校的ESI学科数甚至低于9个，远远落后于世界一流大学。有9所985高校的ESI学科数落后于16所211高校。即使与地方高校相比，苏州大学和上海大学的ESI学科数分别为7个和6个，超过重庆大学、东北大学等10所985高校。二是学科领域分布不均衡，985高校的ESI学科多聚集于工程学、材料科学等工学学科，以及化学、物理、生物等理学学科，而在生命科学、社会科学领域入围学科还比较少。有7个学科领域的入围学科数量在10个以下，其中，微生物学只有4个学科入围，经济学与商学、精神病学与心理学领域各有2个学科入围，而在空间科学、综合交叉学科2个领域至今还未实现零的突破。可见，985高校ESI学科建设依然任重道远。

医学和生命科学是国际前沿研究领域，共涉及7个ESI学科领域，占全部ESI学科领域的三分之一。目前，985高校仅是在偏重应用的临床医学学科入围数量较多，排名相对靠前，在其他6个医学和生命学科领域学科数量均在20个以下，且没有1个学科入围ESI世界前1‰，在免疫学、微生物学、精神病学和心理学3个领域甚至没有1个学科排名位次在前50%。因此，要建设世界一流大学，建议985高校密切关注国际学术前沿领域研究进展，在保持工程学、理学相关学科优势的基础上，加大对医学和生命科学学科的建设力度，进一步优化学科布局，促进学科协同交叉，保持科学研究与国际前沿同步，增强学科的国际影响力。

（二）ESI 学科建设质量亟待提高

对985高校ESI学科的位次分布统计结果表明：在本学科领域排名前10%的ESI学科数量仅占985高校学科总数的12.6%，仅有四分之一的学科位次排名在前20%之列，有近一半的学科位次排名在51%～100%之间。仅有22所985高校拥有ESI世界前1‰的国际顶尖学科，还有17所985高校没有国际顶尖学科。在985高校涉足的20个ESI学科领域，有12个领域还没有学科跻身ESI世界前1‰。

从ESI世界100强学科分布看，仅有24所985高校拥有世界100强学科，还有15所985高校没有世界100强学科。入围学科数量较少的领域，其学科排名也普遍靠后，如免疫学、微生物学、经济学与商学、精神病学与心理学等4个领域入围学科数量都在10个以下，而其学科排名也都在50%之后。这表明，虽然近几年985高校ESI学科数量增长较快，但是学科的总体建设质量不容乐观，应大力加强学科内涵建设。

目前，我国已有16所985高校的ESI学科数量达到10个以上，7所国内顶尖高校的ESI学科数量达到15个以上，可以说国内一流高校已初步完成ESI学科布点，下一步的工作重心应当转移到学科的内涵建设上来。从世界高等教育的版图来看，即使是世界顶尖大学在学科发展上也是各有侧重，并不一定要在所有学科领域都处于世界顶尖位置，有28所大学仅凭借1～2个学科领域的优势跻身于世界一流大学的行列[71]。综合型大学学科齐全，在ESI学科数量方面具有先天优势，而对多数理工科高校，尤其是行业特色型高校（如北航、北理工、西工大、电子科大）而言，应当把注意力转移到ESI总被引频次、高被引论文数及热点论文数等体现学科内涵的指标上来，发挥传统优势，凝聚学科特色，打造学科品牌，争创世界一流。

（三）社会科学ESI学科发展严重滞后

ESI社会科学领域仅有2个学科：社会科学总论、经济学与商学。仅有12所985高校进入社会科学总论ESI前1%，2所985高校进入经济学与商学ESI前1%。从入围学科排名来看，社会科学总论学科没有1所高校跻身前20%，经济学与商学学科没有1所高校进入前50%，没有1个社会科学学科进入世界100强。有学者在对大陆、香港、台湾高校ESI学科对比分析后发现：大陆高校在社会科学领域进入ESI世界前1%的学科数最少，明显低于香港高校，在社会科学总论方面也远远不及台湾高校[72]。中国人民大学在教育部第三轮学科评估中有9个一级学科排名国内第一，居全国高校第三位，是我国人文社科领域的顶尖高校，但是竟然没有进入社会科学总论、经济学与商学ESI前1%，其背后原因值得我们深思。

我国高校在社会科学ESI前1%实现突破的难度远大于其他学科领域，这固然与ESI数据库本身存在的语种、国别的倾向性与不均衡性有一定关系，但也在一定程度上反映出国内高校教师不重视在国际高水平期刊发表论文，以及社会科学研究范式不够科学化、规范化，学科国际化水平还不够高，致使我国高校国际学术话语权缺失。为此，建议985高校制定并实施相关政策措施，鼓励教师和研究生在SSCI源期刊发表更多原创性、高水平的国际论文。同时，加强对师生的学术培训，支持师生参加国际学术交流，使其了解国际学术前沿进展和国际期刊的学术规范，逐步提高科研能力和论文写作水平。

（四）学科的国际化评估体系有待完善

学科国际评估有助于学校、教师和学生了解本学科的发展情况、国际地位和把握自身定位，有助于学科在国际上得到承认和学术成果得到其他国家的认同，还有助于为学校的整体建设指明方向[73]。当前，我国高校的ESI学科多数是自发生长，缺乏教育主管部门和高校的规划和管理，也没有相关机构对ESI学科指标变动进行跟踪、监测与评估，这不利于发现我国高校ESI学科现状和潜力、存在问题与不足，影响到ESI学科的长远和持续发展。

没有一流的学科评估体系，就不可能有一流的学科建设。学科的国际竞争力必须在国际化的评价体系下加以检验，我国现行评估模式及评价标准的国际可比性不强[74]，难以满足相关高校的需求。建议教育主管部门和985高校建立健全学科的国际化评估体系，对ESI学科建设方案开展国际同行评议，动态监测建设过程，及时发现问题和纠偏，同时引入第三方评价，完善绩效评价机制，提高评价结果的科学性和公信度，以科学的学科评价机制引领世界一流大学和一流学科建设。

四、结语

《总体方案》为中国建设世界一流大学吹响了冲锋号，制定了明确的时间表和路线图。985 高校作为我国 2200 余所普通高校的排头兵，承担着我国“世界一流大学建设”的神圣使命，在国家“双一流”建设中应当发挥引领和示范作用，争取早日进入世界一流大学行列或前列，提升我国高等教育综合实力和国际竞争力，实现建设高等教育强国的光荣与梦想。

第三节　一流大学的学科建设评价

2015 年 10 月国务院印发的《统筹推进世界一流大学和一流学科建设总体方案》和 2017 年 1 月教育部等三部委印发的《统筹推进世界一流大学和一流学科建设实施办法（暂行）》中均明确要求“坚持以学科为基础、绩效为杠杆”；2017 年 9 月 21 日，教育部等三部委正式公布“一流大学”建设高校（42 所）、“一流学科”建设高校（95 所）及世界一流建设学科（465 个）名单[75]，“双一流”建设正式进入实施阶段。目前，“双一流”建设实施已近两年，一流大学的学科建设绩效如何，未来如何调整学科发展战略？这些问题成为政府、高校及学术界研究和关注的热点。本节基于学术产出的视角，选取 ESI 指标数据，运用因子分析法对一流大学学科建设绩效进行实证评价，为相关高校提升学科建设绩效提供参考。

一、文献回顾

国内文献围绕学科绩效评价的研究角度多样、内容丰富。第一，学科绩效评价指标体系的构建上综合考虑投入与产出、定性与定量相结合。杨清华、孙耀斌[76]（2008）认为对学科建设项目进行绩效评价要依据学科实际情况进行选择，应坚持定量与定性分析相结合的原则；牛艳梅[77]等（2012）基于新学科目录精神，用投入和产出指标构建适用于地方院校的学科绩效评价指标体系。第二，学科绩效评价方法多样化。梁传杰[78]（2010）运用 DEA 和矩阵模型对高校学科建设绩效展开研究，在对武汉某高校的学科建设绩效进行定量评价和分类的基础上，提出提高学科建设绩效的对策；高伟[79]等（2018）构建了对偶 DEA 模型对新疆高校重点学科建设绩效进行验证性实证研究，还基于波士顿矩阵法（BCG）分类考察新疆所有省级重点学科的投入、产出效率[80]。第三，针对一流学科的评价研究。姜华等[81]（2017）基于 ESI 数据指标，从世界影响力学科、世界一流学科、潜在优势学科以及临界影响力学科四方面对我国“985 工程”高校的一流学科进行评价；马利凯[82]（2017）运用波士顿矩阵和两因素聚类分析法，以 L 大学为案例来进行一流学科建设综合竞争力评价。

实践方面，国外有较大影响力的国际学科评价有 ESI 全球学科排名、QS 世界大学学科排名、US News 学科排名、THE 世界大学学科排名等。国内有较大影响力的学科评价主要有教育部组织实施的全国一级学科整体水平评估、艾瑞深中国校友会网发布的《中国大学学科排行榜》以及上海软科公布的年度世界一流学科排名和中国最好学科排名等。

现有文献多为一般意义上的学科绩效评价，在“双一流”建设背景下，针对性较弱。本书采用因子分析法，基于ESI数据库对一流大学学科建设绩效进行客观、综合评价并分类提出发展策略，可在一定程度上弥补现有研究之不足。

二、实证分析

（一）数据说明和指标选取

本节以国家首批“世界一流大学”建设高校为研究对象，因中央民族大学尚无学科进入ESI全球前1%，所以将其从样本中剔除，最终研究对象为41所一流大学建设高校。在评价指标的选取上，既体现高水平、高质量，同时又兼顾公平，选取论文总数 X_1（篇）、论文被引频次 X_2（次）、高被引论文数 X_3（篇）、热点论文数 X_4（篇）和进入百分之一学科数 X_5（个）等5项评价指标。研究数据来源于科睿唯安2019年3月发布的ESI数据。

（二）因子分析

（1）因子分析适用性检验。首先，运用SPSS 25.0统计软件，借助变量的相关系数矩阵、巴特利特球度检验和KMO检验方法进行因子分析适用性检验。相关系数矩阵中绝大部分的相关系数较高，值在0.5以上，说明原始变量之间存在较强的线性关系，有进行因子分析的必要；此外，巴特利特球度检验统计量的观测值为298.220，相伴概率 P 值接近0，KMO值为0.776，说明原始变量适合进行因子分析。

（2）提取因子。采用主成分分析法提取因子发现，5个变量的共同度均较高，值在0.9以上，各个变量的信息丢失较少，因此，因子提取的总体效果较为理想。由表3-14可知，第1个因子的特征值为4.287，能够解释原有变量总方差的85.74%；第2个因子的特征值为0.462，可以解释原有变量总方差的9.24%，两个因子的累计方差贡献率近95%。因此，通过提取前两个主因子得到因子载荷矩阵，并写出因子分析模型。

表 3-14　因子解释原有变量总方差的情况

成分	初始特征值			提取平方和载入			旋转平方和载入		
	合计	方差的%	累积%	合计	方差的%	累积%	合计	方差的%	累积%
1	4.287	85.742	85.742	4.287	85.742	85.742	2.760	55.190	55.190
2	0.462	9.235	94.977	0.462	9.235	94.977	1.989	39.787	94.977
3	0.166	3.330	98.307						
4	0.069	1.385	99.692						
5	0.015	0.308	100.000						

根据旋转前的因子载荷矩阵，写出因子分析模型：

$$\begin{aligned} X_1 &= 0.960F_1 - 0.134F_2 \\ X_2 &= 0.980F_1 - 0.097F_2 \\ X_3 &= 0.969F_1 + 0.128F_2 \\ X_4 &= 0.834F_1 + 0.522F_2 \\ X_5 &= 0.878F_1 - 0.381F_2 \end{aligned} \quad (1)$$

（3）因子命名。为使两个因子的实际含义变得清晰，采用方差极大法对因子载荷矩阵进行正交旋转使各个因子具有命名解释性。由表 3-15 可见，论文总数 X_1、论文被引频次 X_2 和百分之一学科数 X_5 在第一个因子上有较高载荷，可命名为“学科规模因子”；高被引论文数 X_3 和热点论文数 X_4 在第二个因子上有较高载荷，可命名为“学科质量因子”。

表 3-15　旋转后的因子载荷矩阵

	成分	
	1	2
百分之一学科数 X_5	0.922	0.259
论文总数 X_1	0.829	0.502

（续表）

	成分	
	1	2
论文被引频次X_2	0.821	0.544
热点论文数X_4	0.316	0.931
高被引论文数X_3	0.670	0.712

（4）因子得分函数。表3-16是因子得分系数矩阵，采用回归法计算因子得分函数：

$$\begin{aligned} F_1 &= 0.357X_1 + 0.310X_2 + 0.000X_3 - 0.563X_4 + 0.681X_5 \\ F_2 &= -0.084X_1 - 0.019X_2 + 0.358X_3 + 0.999X_4 - 0.511X_5 \end{aligned} \quad (2)$$

以两个因子的方差贡献率为权数，得出一流大学学科建设绩效的综合得分函数：

$$F = 0.5811F_1 + 0.4189F_2 \quad (3)$$

表 3-16　因子得分系数矩阵

	成分	
	1	2
论文总数X_1	0.357	−0.084
论文被引频次X_2	0.310	−0.019
高被引论文数X_3	0.000	0.358
热点论文数X_4	−0.563	0.999
百分之一学科数X_5	0.681	−0.511

为了对 41 所一流大学建设高校的学科建设绩效进行综合评价，分别计算两个主因子得分，并按公式（3）计算综合得分 F，因篇幅有限，本书只列出综合得分前 20%和后 20%的高校，分别见表 3-17、表 3-18（完整排名见附录 3）。

表 3-17 一流大学建设高校学科建设绩效评价排名前 20%的高校

学校	综合得分 F		学科规模得分 F_1		学科质量得分 F_2	
	得分	排序	得分	排序	得分	排序
清华大学	1.8123	1	0.5382	14	3.5797	1
北京大学	1.6521	2	1.6554	2	1.6475	3
上海交通大学	1.4315	3	1.4241	3	1.4418	5
浙江大学	1.3353	4	2.0746	1	0.3097	13
复旦大学	0.9347	5	1.4050	4	0.2823	14
中山大学	0.7918	6	1.1005	6	0.3635	12
南京大学	0.6761	7	0.8088	10	0.4920	10
中国科学技术大学	0.5941	8	0.3490	18	0.9340	6

表 3-18 一流大学建设高校学科建设绩效评价排名后 20%的高校

学校	综合得分 F		学科规模得分 F_1		学科质量得分 F_2	
	得分	排序	得分	排序	得分	排序
郑州大学	−0.5339	33	−1.3297	37	0.5701	9
西北工业大学	−0.5705	34	−1.5100	38	0.7328	7
中国海洋大学	−0.6334	35	−0.5165	28	−0.7955	33
西北农林科技大学	−0.7413	36	−0.6877	30	−0.8158	35
东北大学	−0.8128	37	−0.8129	31	−0.8126	34
国防科学技术大学	−0.8966	38	−0.9127	33	−0.8743	37
中国人民大学	−0.9552	39	−1.1802	35	−0.6431	27
云南大学	−1.0565	40	−1.3147	36	−0.6982	28
新疆大学	−1.1234	41	−1.5431	39	−0.5412	26

三、研究结论

（一）一流大学学科建设绩效差异显著，61%的高校表现不佳

通过对 41 所一流大学学科绩效综合得分分析发现，有 16 所（占比 39%）的综合得分大于总体均值，剩余 25 所（占比 61%）综合得分低于总体均值。其中，清华大学、北京大学、上海交通大学和浙江大学四所高校的学科建设绩效综合得分高于均值 1 个标准差。

（二）一流大学学科建设绩效与学科规模强正相关，且在 0.01 水平上显著

41 所高校综合得分 F 与学科规模因子 F_1 之间的皮尔逊相关系数为 0.811，与学科质量因子 F_2 之间的皮尔逊相关系数为 0.585，且 F 与 F_1 之间相关系数检验的概率 P 值近似为 0，当显著性水平 α 为 0.01 时，拒绝原假设，表明两总体不是零相关。

（三）多数一流大学在学科建设中存在“重规模、轻质量”的问题

41 所一流大学建设高校中，学科规模因子 F_1 的综合得分大于均值的有 22 所高校，占比 54%，学科质量因子 F_2 的综合得分大于均值的有 17 所高校，占比 41%，至少高于均值 1 个标准差的仅有清华大学、湖南大学、北京大学、电子科技大学和上海交通大学 5 所高校，其中清华大学得分遥遥领先。

（四）一流大学学科建设绩效的评价结果客观验证国家首轮“双一流”遴选标准的科学性

在综合排名前 20%的 8 所高校中，除中山大学外，其余 7 所高校均是 C9 联盟成员；一流大学的 6 所 B 类建设高校中，除湖南大学外，其他 5 所高校均位于综合排名的后 20%。另外，国防科技大学和中国人民大学的综合排名分别

为第 38、39 名，原因在于，前者是军队唯一入选“一流大学”建设支持的院校，研究成果因涉及保密不便于公开发表；后者则是一所以人文社会科学为主的综合性研究型大学，在 ESI 学科评价体系下存在相对劣势。

四、提升一流大学学科建设绩效的建议

（一）第一层次高校，排名前 20%的 8 所高校

该层次高校是中国的顶尖大学集团，包括清华大学、北京大学、长三角的华东五校、珠三角的中山大学。除中国科学技术大学位于中部省份外，其余 7 所高校均分布在北京、上海、广东、江苏和浙江等东部发达地区的直辖市或省会城市，可见高校发展与其所在区域经济社会发展水平密切相关，“中国大学顶尖人才及科技创新水平与区域经济社会发展水平呈现同频共振的特征”[83]。最典型的例子就是中山大学近年来的强势崛起，该校 ESI 综合排名位居全国第九，ESI 全球前 1%学科数达到 19 个，仅次于北京大学的 21 个。广东历年来是我国地区生产总值最高的省份之一，在“双一流”建设背景下，广东发布了雄心勃勃的高水平大学建设计划，据 2015 年 6 月发布的《广东省高水平大学建设实施方案》显示，首期重点建设的 7 所高校专项资金就高达 50 亿元。随着“粤港澳大湾区”国家战略的实施，珠三角将发展为世界级城市群，在国家发展战略中发挥愈加重要的作用，以中山大学、华南理工大学为代表的珠三角高校发展前景看好。这给我们的启示是：大学和城市共荣共生，大学发展离不开区域经济发展的有力支撑，世界一流大学建设一定要紧密服务国家和区域发展战略，实现学校与区域发展的深度融合，真正构建“城校命运共同体”，在服务区域发展中增强办学实力，在引领区域创新中追求学术卓越。

（二）第二层次高校，排名前20%～40%的8所高校

第二层次高校包括华中科技大学、四川大学、武汉大学、中南大学、山东大学、哈尔滨工业大学、西安交通大学和吉林大学。这8所高校的特点是大都经历过2000年左右的高校合并，学科门类齐全，办学规模较大，朝综合性大学方向发展，其综合办学实力在各自省区独占鳌头。典型例子是，2000年至2004年间，吉林大学合并了原吉林工业大学、白求恩医科大学、长春科技大学、长春邮电学院等高校，组建新吉林大学，合并后学校教师规模达6000余人，在校生7万余人，成为典型的“巨无霸”大学。从学科规模因子 F_1、学科质量因子 F_2 的相对排序看，哈尔滨工业大学的 F_2 因子排序远高于 F_1 因子，中南大学的 F_1 因子与 F_2 因子排序相当，其他6所高校的 F_1 因子排序均远高于 F_2 因子，表明这些高校排名相对更倚重办学规模。对第二层次的高校而言，更应当走“内涵式”发展的世界一流大学建设之路，推动学校从“量的积累”向“质的升华”转变，紧紧抓住“提升质量”这个内涵发展的核心，对标世界一流大学，找差距，寻短板，求改进，谋发展，不断增强学校的综合实力和核心竞争力。

（三）第三层次高校，排名前40%～60%的8所高校

第三层次的高校包括厦门大学、同济大学、东南大学、南开大学、华南理工大学、天津大学、北京师范大学和湖南大学。除湖南大学位于中部地区省会城市外，其他7所高校均位于东部发达地区的直辖市、省会城市或计划单列市。8所高校中除了北京师范大学以外，其他7所高校均有ESI前1‰学科，其中华南理工大学有4个ESI前1‰学科，在全国高校中并列第6位，天津大学有3个ESI前1‰学科，在全国高校中并列第9位。值得一提的是，北京师范大

学有 6 个学科入选国家首轮“世界一流学科”建设，在教育部第四轮学科评估中收获 6 个“A+”国内顶尖学科，这两项指标在 8 所高校中均位居第一，但 ESI 综合排名却在 8 校中居倒数第二，反映了以文理科为主的大学相比以理工科为主的大学在 ESI 评价体系中具有“天然”的劣势。此外，湖南大学的综合评价排名居第 24 位，高于 15 所原“985 工程”大学，若论学校办学水平，不应落选“一流大学 A 类”建设高校，其最终降为“一流大学 B 类”建设高校可能是受各省指标均衡分布限制，因为湖南已有中南大学、国防科技大学 2 所一流大学 A 类建设高校。

（四）第四层次高校，排名前 60%～80%的 8 所高校

第四层次高校包括大连理工大学、电子科技大学、兰州大学、华东师范大学、中国农业大学、北京航空航天大学、重庆大学和北京理工大学。除大连理工大学和兰州大学 ESI 综合排名居 20～30 区间，重庆大学排名 41、电子科技大学排名 43 外，其他 4 所高校 ESI 综合排名均在 30～40 区间。按照 F_1、F_2 两个因子符号的不同，八所高校又可分为三类：（F_1^+，F_2^-）类、（F_1^-，F_2^+）类和（F_1^-，F_2^-）类。首先，符号为（F_1^+，F_2^-）的 2 所，可称之为“规模主导型”高校，即大连理工大学和兰州大学，兰州大学的热点论文数、高被引论文数在八所高校中分别居倒数第一、第五位，但由于该校论文总数和总被引频次指标较大，使该校排名在八校中居第三位；其次，符号为（F_1^-，F_2^+）的 3 所，可称之为“质量主导型”高校，分别为电子科技大学、北京航空航天大学和北京理工大学，如电子科技大学的 ESI 综合排名在八校中倒数第一，但该校热点论文数达 38 篇，高被引论文数达 358 篇，领先优势较大，助推该校综合排名在八校中高居第二；最后，符号为（F_1^-，F_2^-）的 3 所，可称之为“总体偏弱型”高校，分别是中国农业大学、华东师范大学和重庆大学。这 3 所高校的 F_1、F_2 两个因子符号均为负值，低于 41 所“世界一流大学”建设高校平均水平。其中，华东师范大学截至 2019 年 3 月还没有 ESI 世界前 1‰学科，重庆大学在国家首轮“双一流”遴选中没有 1 个学科达到入围条件，3 个“世界一流学科”建设项目均为学校自定。这需要引起相关高校管理层的高度重视，并尽快采取切实可行的措施，补齐学科建设短板，使“世界一流大学”建设高校的身份名副其实。

（五）第五层次高校，排名后 20%的 9 所高校

第五层次高校包括郑州大学、西北工业大学、中国海洋大学、西北农林科技大学、东北大学、国防科技大学、中国人民大学、云南大学和新疆大学。这一集团高校组成较为复杂，包括一流大学A类建设高校4所、一流大学B类建设高校5所。从ESI的角度分析，这些学校排名大多比较落后，且ESI前1%学科数量也较少。值得一提的是，西北工业大学和国防科技大学2所高校具有国防军工背景，很多成果由于涉密不能公开发表，中国人民大学的学科结构以社会科学为主，而ESI的22个学科领域仅有经济与商业、社会科学总论2个学科领域属于社会科学，这是造成上述3所高校ESI排名落后的主要原因。中国海洋大学、西北农林科技大学和东北大学3所高校均属于行业特色高校，具有传统优势学科，如在教育部第四轮学科评估中，中国海洋大学的海洋科学、水产2个学科被评为“A+”；西北农林科技大学的农业科学、东北大学的工程学都跻身ESI世界前1‰。对这3所高校而言，应当坚守办学特色，保持特色学科的行业领先优势。郑州大学、云南大学和新疆大学均为新晋的一流大学B类建设高校，但其办学实力显然距其他一流大学建设高校相差甚远，尤其是云南大学和新疆大学，分别有2个、1个ESI前1%学科，ESI综合排名在百名之外，未来还有很大的进步空间，建议这3所高校应积极争取国内顶尖高校的对口支援，集中学校优质资源，打造1～2个学科高峰。同时，应坚持“有所为，有所不为”方针，结合学校所在区域的特点和特殊需求，发展具有比较优势的特色学科，实现与其他一流大学建设高校的错位发展，在日益激烈的高等教育竞争中抢占一席之地。

第四节 地方高水平大学的学科建设评价

研究界对地方高水平大学的界定较多，并无明确的指称。金保华等认为是“地方所属的‘211 工程’大学与‘省部共建’的地方大学，兼具地方性与高水平两大特点”[84]；陈杰等认为是“非中央部委所属，在地方院校中担当‘领头羊’‘排头兵’角色的大学，是特色与质量的统一体”[85]；周险峰等认为是“带有行政意味的非学术概念，一是指在某行政区划内水平较高的大学，二是指省属大学中水平较高的大学”[86]。本节将地方高水平大学界定为已列入“世界一流大学”和“世界一流学科”建设高校名单的、管理权限上由地方行政部门主管的普通高等学校。在已公布的“世界一流大学”建设高校（42 所）和“世界一流学科”建设高校（95 所）中，地方高水平大学共 47 所，占比约 34.3%。

学科优势是地方高水平大学区别于其他地方高校的关键，也是其生存和发展的核心竞争力。当前，地方高水平大学已进入“国家队”，但因地方主管、地方财政拨款等特性决定了其在资源配置、学科人才、学科平台等方面无法与“双一流”建设中的部属高校相比拟。而“双一流”建设以五年为周期的滚动淘汰机制又倒逼这些地方高水平大学必须跟上甚至赶超“双一流”建设中的部属高校的步伐。

从既有研究成果看，理论界对“双一流”背景下的地方高校学科建设的探讨角度多样。如地方高校学科建设的挑战与机遇[87]，地方高校一流学科的成长逻辑[88]，地方高校学科建设的路径依赖[89]，地方高校学科建设的定位[90]，基于困境、问题[91]或实践经验[92]的路径研究等。现有研究多为定性分析地方高校建设一流学科的路径，而对于已经进入“国家队”的地方高水平大学的学科建设情况关注较少。为此，基于 ESI 数据库，以已经进入“国家队”的地方高水平大学为研究主体，运用因子分析对学科范围内的影响力进行综合评价，明确其学科发展现状；为适应高等教育分层分类发展的要求，分类提出发展策略，也为已经进入或正在冲击“双一流”的地方高校的学科建设提供参考。

一、实证分析

（一）指标选取

本节以地方高水平大学为研究对象，并将艺术类、体育类高校从样本中剔除，因内蒙古大学、成都中医药大学、西藏大学、青海大学、宁夏大学尚无学科进入 ESI 全球前 1%，最终确定的研究对象共 38 所，其中世界一流大学 B 类建设高校 3 所、世界一流学科建设高校 35 所，共 134 个学科上榜。选取 ESI 中的论文总数 Y_1（篇）、引文总数 Y_2（次）、热点论文数 Y_3（篇）、高被引论文数 Y_4（篇）、ESI 学科数 Y_5（个）作为评价指标。数据来源于科睿唯安 2019 年 9 月相关资料。

（二）因子分析

（1）适用性检验。运用 SPSS 25.0 软件统计发现，原有变量的相关系数均较高，值在 0.6 以上；巴特利特球度检验统计量的值为 281.307，相伴概率 P

值接近 0；KMO 值为 0.765，根据 KMO 的度量标准可知，原始变量适合进行因子分析。

（2）因子提取。依据原有变量的相关系数矩阵，运用主成分分析法提取2个因子后发现，原有变量的共同度值均在0.9以上。第1个因子的方差贡献为4.429，解释原有5个变量总方差的88.585%；第2个因子的方差贡献为0. 329，解释原有5个变量总方差的6.577%，2个因子的累计方差贡献率为95.162%。根据旋转前的因子载荷矩阵，写出因子分析模型为：

$$Y_1=0.979F_1-0.087F_2$$

$$Y_2=0.971F_1-0.073F_2$$

$$Y_3=0.882F_1+0.432F_2$$

$$Y_4=0.963F_1+0.094F_2$$

$$Y_5=0.907F_1-0.347F_2$$

（3）因子命名。运用方差极大法对因子载荷矩阵进行正交旋转后发现（见表 3-19），论文总数 Y_1、引文总数 Y_2 和 ESI 学科数 Y_5 在 F_1 因子上载荷较高，可将其解释为“规模因子”；热点论文数 Y_3 和高被引论文数 Y_4 在 F_2 因子上载荷较高，可将其解释为“质量因子”。

表 3-19　旋转后的成分矩阵

	成分	
	1	2
ESI学科数Y_5	0.910	0.338
论文总数Y_1	0.792	0.581
引文总数Y_2	0.778	0.586
热点论文数Y_3	0.377	0.907
高被引论文数Y_4	0.661	0.707

（4）因子得分。运用回归法计算因子得分系数（见表3-20），写出因子得分函数：

$$F_1=0.340Y_1+0.312Y_2-0.718Y_3-0.025Y_4+0.851Y_5$$

$$F_2=-0.053Y_1-0.023Y_2+1.118Y_3+0.358Y_4-0.657Y_5$$

进而，得出地方高水平大学学科建设的综合得分函数为：

$$F=0.5551F_1+0.4449F_2 \quad (4)$$

表 3-20　成分得分系数矩阵

	成分	
	1	2
论文总数Y_1	0.340	−0.053
引文总数Y_2	0.312	−0.023
热点论文数Y_3	−0.718	1.118
高被引论文数Y_4	−0.025	0.358
ESI学科数Y_5	0.851	−0.657

按照公式（4）计算38所地方高水平大学的综合得分F，本书只列出综合得分前10名（见表3-21）和后10名（见表3-22）的高校（完整排名见附录4）。

表 3-21　地方高水平大学学科建设综合得分排名前10的高校名单

学校	综合得分 F		规模得分 F_1		质量得分 F_2	
	得分	排序	得分	排序	得分	排序
苏州大学	2.99365	1	3.12106	1	2.83468	2
郑州大学	1.51590	2	0.25551	11	3.08849	1
上海大学	1.19030	3	2.44123	2	−0.37049	22
南昌大学	0.67520	4	1.00791	8	0.26008	11
福州大学	0.60655	5	−0.73836	32	2.28458	3
南京师范大学	0.52796	6	1.14298	6	−0.2394	17
天津医科大学	0.47089	7	1.63355	3	−0.97975	36

（续表）

学校	综合得分 F		规模得分 F_1		质量得分 F_2	
	得分	排序	得分		得分	排序
南京信息工程大学	0.36068	8	−0.34759	21	1.24438	4
北京工业大学	0.31925	9	0.1525	13	0.5273	7
西北大学	0.22447	10	1.08987	7	−0.85529	35

表 3-22　地方高水平大学学科建设综合得分排名后 10 的高校名单

学校	综合得分 F		规模得分 F_1		质量得分 F_2	
	得分	排序	得分	排序	得分	排序
上海中医药大学	−0.46465	29	−0.32344	19	−0.64083	31
新疆大学	−0.47004	30	−0.52234	25	−0.40479	25
海南大学	−0.47985	31	−1.66754	38	1.00203	6
上海海洋大学	−0.48261	32	−0.56304	27	−0.38226	23
广州中医药大学	−0.50330	33	−0.56287	26	−0.42897	26
石河子大学	−0.53542	34	−0.46739	23	−0.62031	29
成都理工大学	−0.60699	35	−0.83908	33	−0.31742	18
天津中医药大学	−0.61415	36	−0.59396	28	−0.63935	30
辽宁大学	−0.62909	37	−1.05802	37	−0.09392	15
延边大学	−0.67217	38	−0.9209	34	−0.36183	20

二、研究结论

（一）地方高水平大学学科建设水平总体表现不佳

通过对 38 所地方高水平大学的学科建设情况进行因子分析发现，仅有 15 所高校（占比 39.5%）的综合得分 F 高于总体均值，剩余 23 所高校（占比 60.5%）的综合得分 F 低于总体均值。分别从规模因子得分 F_1 和质量因子

得分 F_2 上看，均有 13 所高校（占比 34.2%）的得分高于总体均值，剩余 25 所高校（占比 65.8%）的得分低于总体均值。仅有苏州大学、郑州大学和上海大学的综合得分 F 大于 1。

（二）“世界一流大学”的学科建设水平呈梯度式差异

世界一流大学B类建设高校的3所大学的学科建设水平位列在不同的方阵中，差异较大。郑州大学位列第 2 名，云南大学位列第 22 名，新疆大学位列第 30 名。另外，郑州大学的质量因子 F_2 为 3.08849，位列第 1 名，但规模因子 F_1 排名第 11，有待尽快提高。

（三）多数地方高水平大学的学科建设水平提升空间很大

从综合得分 F 上看，除苏州大学、郑州大学和上海大学外，剩余 35 所大学的综合得分分布在（-0.7，0.7），平均每所大学之间的差为 0.03850，学校间的差距很小，学科建设提升的空间很大。

（四）学科发展水平与区域经济水平同向共频

依据我国东部、中部、西部的区域划分标准，对 38 所地方高水平大学进行归类后发现：东部地区共 21 所大学，综合得分 F 的平均值为 0.09586，2018 年区域 GDP 的平均值为 52675.94 亿元；中部地区共 8 所大学，综合得分 F 的平均值为 0.09505，2018 年区域 GDP 的平均值为 29097.93 亿元；西部地区共 9 所大学，综合得分 F 的平均值为-0.30817，2018 年区域 GDP 的平均值为 24878.99 亿元。

第四章　大学评价的优化

按照高等教育分层分类的指导思想，宏观上，在分析了当前国内大学评价体系普遍存在问题的基础上，提出具体的改进对策；微观上，分别对工信部直属高校、教育部直属财经类高校、地方高水平大学以及河北省重点高校的学科建设进行实证研究并提出发展对策，为制定和完善具有中国特色的世界一流大学和一流学科评价体系、不同类型高校的学科发展提供参考。

第一节　中国大学评价体系的优化

2015年10月24日，国务院印发《统筹推进世界一流大学和一流学科建设总体方案》，描绘了我国建设高等教育强国的时间表和路线图。该方案明确提出“建立健全绩效评价机制，积极采用第三方评价，提高科学性和公信度”[67]。大学排名是高等教育发展的第三方评价结果[93]，在我国“双一流”建设背景下，大学排行榜日益受到高校和社会的广泛关注[94]。目前，国内知名度和影响力较大的大学排行榜有四个：中国管理科学研究院评价体系（简称中管院榜）、艾瑞深中国校友会网评价体系（简称校友会榜）、武汉大学中国科学评价研究中心评价体系（简称中评榜）和上海软科公司评价体系（简称软科榜）。本节分析了当前国内大学评价体系存在的问题和不足，给出了具体改进的对策建议，可为相关机构制定和完善具有中国特色的世界一流大学和一流学科评价体系提供参考。

一、中国大学评价体系存在的问题

客观上，大学排名为政府、高校和社会公众提供了一种观察和分析高校发展的独特视角。对于大学排名，教育部部长陈宝生的态度是“尊敬排名，不为排名”。原北大校长林建华说“不能因为大学排名存在各种各样的问题和不足，就全盘否定。排名如果使用得当，可以帮助学校了解自己发展状况，发现存在的问题。”[18]大学排名在我国已有30余年发展历程，是因为它能满足某种社会需求。然而，目前中国大学评价体系还不成熟，存在一些亟待改进的问题。

（一）评价体系科学性有待改进

大学评价结果的有效性和可靠性直接由评价指标体系的科学化程度决定，因此，评价指标的选取和权重的设定都应科学、合理，才能使评价结果更具权威性。但是就目前情况看，国内知名度和影响力最大的四个大学评价机构仍然没有建立起比较科学的评价指标体系，影响了评价结果的公信力。

首先，有些评价指标的设立缺乏明确的目的指向，不知道其能反映大学的什么问题。如“专任教师数”“研究生导师数”“国家大学科技园”作为评价指标能说明什么问题？各种档次的“科研项目数”“发表论文数”又能说明什么问题？“毕业生就业率”作为评价指标的科学性也值得商榷，一是由于该指标为学校自报，其准确性值得怀疑；二是该指标并不能反映毕业生真实的就业质量。因此，专家在设计评价体系时必须对每一项指标作全面的考量。

其次，指标选取和权重设定缺乏明确的依据，且变动过于频繁。国外知名的大学评价体系，如美国的US News，英国的QS、THE，其指标和权重均保持多年不变，而国内大学评价机构几乎每年都要对其指标和权重进行调整，且基本上不对指标调整原因作出解释和说明，其结果一方面造成一些大学名次剧烈波动，令大学感到无所适从；另一方面也反映了中国大学评价体系还不够科学，仍处于逐步完善过程中。

最后，定性评价方法缺乏，在一定程度上影响评价结果的准确性。高等教育评价是一个复杂的系统工程，任何一种评价方法都不能“包治百病”，有各自的优点、缺点和特定的适用范围。目前，国内四个知名大学排行榜均采用的定量评价方法，不可否认其在推进大学评价客观化方向的作用。然而，过分注重对指标的定量分析往往忽略了对评价对象概念和本质的定性揭示，一些定性评价方法仍然是必要的，如世界知名的大学排行榜 QS 与 US News 的定性、定量指标各占一半[97]。只有坚持定性与定量方法相结合，才能使大学评价体系更加科学、评价结果更加合理。

（二）评价数据透明度有待提升

我国高等教育全面数据基本掌握在政府部门、高等院校手中，数据的透明度和公开性一直以来很低。长期以来，高等院校的内部运行数据不为外界所知，本应公开的数据也被贴上“机密”的标签秘而不宣，导致高校成为一个灰色系统，给社会机构开展大学评价带来很多困难，评价机构采用的数据过于陈旧且不够全面，不能真实反映大学当下的实际情况，收集信息的困难是导致大学评价失真的重要因素。

同时，由于评价机构获取数据的困难，也使某些本应被采纳的评价指标最终被弃用，客观上影响了中国大学评价体系的科学性。当务之急是要建立强制性的信息披露制度，使高校信息能够依法向社会开放，社会各界都能平等简便地获取大学的内部信息。此外，由于评价机构大多不公开原始数据，使社会无法对其数据的真实性和准确性进行有效监督，加上有的评价机构不负责任，不对数据进行认真核实，也会造成原始数据的失真。

（三）评价体系多样性有待扩展

世界知名的大学排行榜基本上都是建立在公众所认可的大学分类基础上的，其综合性排行也就是对同类大学的综合性比较。如美国 US News 发布的全美最佳学院排行榜，就是依据美国卡内基高等学校分类法，将高校划分为四类：全国性大学、地区性大学、全国性文理学院和地区性文理学院，在同类别的大学中设置相似的可比性指标，分别进行排名。而国内的评价机构却对大学之间的差异性视而不见，采用同一套指标体系评价全国所有大学，如此笼统的评价不可能反映学校特色，对绝大多数高校而言都是不公平的。

中国管理科学研究院中国大学评价课题组在分类评价方面进行了积极探索，在其评价体系中，大学类型由体现学科比例的“类”和体现科研规模的“型”两部分组成，类分 14 种，型分 4 种。然而，虽然该课题组对不同类型学校进行了单项排名，但在进行大学综合排名时，仍然将所有高校放在一起。虽然该排名机构也尝试建立转换系数，试图从技术角度入手解决社会科学与自然科学的研究成果以及不同层次、不同类型学校之间相互比较的问题，但这种方法在学术界仍有广泛争议，其科学性还有待进一步论证。

对大学进行分类评价提高了评价的针对性、准确性和公信度，使得大学评价更加科学、评价结果更加准确，大学排名的公信力进一步提高。但截至目前，我国仍没有社会公认的较权威的分类评价标准，随着科学技术的进步、经济社会的发展，学科之间交叉融合的趋势愈发明显，现有按学科类型的分类标准已不能适应大学评价的需要，对大学的分类应该不断完善。因此，评价机构应借鉴国外先进分类评价经验，结合我国实际，探索建立更科学、更符合时代发展的大学分类新标准，制定具有中国特色的大学评价新体系，使大学社会评价结果更具科学性和权威性。

（四）评价结果稳定性有待提高

对国内四个大学排行榜历年排名数据进行分析，发现有些大学在同一排行榜不同年份的排名中，存在名次波动过大的现象。以2016至2018年排名结果为例，长安大学在中管院排行榜中2016年排第100名，2017年降为第105名，2018年又降为第117名，三年间降幅达17名；西安电子科技大学在艾瑞深中国校友会网排行榜中2016年排第69名，2017年上升为第49名，2018年又上升为第46名，三年间增幅高达23名；中国石油大学（北京）在中评榜2016年排第94名，2017年降为第98名，2018年又降为第120名，三年间降幅达26名。即使同一高校在不同的排行榜中排名变动趋势也完全不同。如暨南大学在艾瑞深中国校友会大学排行榜中2016至2018年的排名分别为第58、69和74名，三年间降了16名；同期暨南大学在中评榜中排名分别为第75、65和56名，三年间排名上升了19名。

如果按照表面上的排名结果理解，一所大学的排名波动较大，说明该校的综合实力和发展水平已经出现了大幅度变化，但实际情况是，虽然一所大学的规模可能因为“合并”在较短时间内得到扩充，但其办学质量和水平在短时间内一般不会有较大改变。最终排名结果出现如此大的差异，其根本原因还是源自评价理论基础的缺乏和不完善。像这种名次大幅度的变化并不能反映大学的真实办学水平，也会让高校和社会公众无所适从。对大学进行评价本来是一件非常严肃的科学工作，如此多变的评价结果只能使人怀疑排名结果的科学性与严谨性。

二、中国大学评价体系改进对策

（一）适当增加定性评价指标

大学评价指标分为定性指标和定量指标两大类，但国内评价机构多数采用定量指标，而对定性指标不够重视。其中，大学声誉即是最为典型的例子。大学声誉是一种隐性的办学资源，反映了高校的社会知名度和影响力[22]。“大学声誉的相对‘模糊’性往往更本质更准确地反映了大学的影响”。学校声誉的形成一般要经历漫长的历史过程，学校声誉越好，越能吸引到优秀教师和学生，毕业生在就业市场中也更富有竞争力，学校也更易获得投资和捐赠。因此像大学声誉这类指标，对大学发展具有特殊影响，应当在大学评价体系中占据一席之地。

国际知名的世界大学排行榜中都有“声誉”这一指标。如英国的QS世界大学排行榜共设6项一级指标，其中“‘全球学术声誉’指标权重为40%，‘雇主声誉’指标权重为10%，两项声誉指标权重占比合计高达50%”[98]，2018年QS世界大学排名就是基于75000名学者和40455家雇主的声誉调查；美国US News世界大学排行榜设立了“声誉”指标，并赋予了25%的权重，下设“全球研究声誉”和“区域研究声誉”两项二级指标，二者各占12.5%的权重；英国的THE世界大学排行榜设立了“收入与声誉（占比30%）”一级指标和“教学声誉（占比15%）”二级指标，主观指标权重占比达到33%。可见，“声誉”是形成大学核心竞争力的重要因素之一，是制定大学评价指标体系中不可或缺的一项。国内大学排行榜只有中评榜设立了“学校网络声誉”三级指标，占9%的权重。艾瑞深中国校友会网虽设立了“社会声誉”二级指标，但其三级指标中却以捐赠收入、生源质量、媒体影响等客观性指标表征，不属于严格意义上的“声誉”指标。

（二）公开指标体系和原始数据

大学排名的关键在于能够获取全面、真实、准确的高校运行数据。然而，长久以来，我国社会信息透明度较低，数据获取十分困难，为大学排名工作的开展带来重重困难。中国管理科学研究院中国大学评价课题组表示其《中国大学评价》“全部采用公开数据，任何机构和个人均可复演复算”。但问题在于中国大学自身公开的数据极为有限，即使学校官网公开的数据也存在虚报数字、夸大业绩的现象。艾瑞深中国校友会网大学评价课题组负责人曾表示“由于在数据整理调查过程中受到一些条件的限制，我们的数据可能存在疏漏之处”。此外，有的大学评价机构并未向社会公开其评价指标体系和权重，也给社会公众监督造成了很大的困难。

国外的大学评价中，一般采用高校自报数据与政府部门抽检相结合的方法，这种方法建立在国外相对透明的信息公开体制、高校严格自律和高校间诚信监督的基础上。为促进我国大学评价工作的健康发展，政府部门和高等院校应建立信息披露制度，使信息真正透明化和公开化，才能使大学评价工作少走弯路，实现健康发展。大学评价机构也要加强自律，杜绝暗箱操作。在开展大学排名活动时，要规范评价过程，公开指标体系、评价方法、数据来源，自觉接受社会的监督。只有政府、高校和评价机构三方共同努力，才能提高我国大学评价工作的科学性与公正性。

（三）建立分层分类的评价体系

我国大学的特点是数量多，办学规模、条件和水平参差不齐，发展目标各异，不同高校的学科专业特色各不相同。如重点大学更侧重科研工作，一般大学更侧重教学工作等。如果以单一的评价体系对所有大学进行评价，显然是不合理的。要使大学评价更科学合理，首先要建立科学的分类标准。分类标准的制定除了要考虑学校发展定位、办学基础和学科特色，还应顾及大学分类的历史习惯。构建科学、公正的分类标准，既体现高校的基本职能，又反映大学的真实办学质量、教学水平和科研实力。

知名的世界大学排行榜基本上都是建立在公众认同的大学分类基础上，所以国外的综合性大学排名实质上是对同类大学的综合性比较。国内的大学排名也在大学分类方面做出了努力。如武书连《中国大学评价》课题组按照科研规模，将大学分为研究型、研教型、教研型和教学型等四类，但这种划分依据是否合理，值得探讨。不管如何分类，国内大学评价一般均采用同一指标体系，使其未体现出大学分类的真正意义。国内大学排名首先要解决合理分类问题，对不同类型大学采用不同的指标体系，将大学分类标准和大学排行榜一起发布，如此才能更加准确地判断高校的综合实力并突出自身特色。

（四）保持指标和权重相对稳定

由于各所大学的综合办学水平是在长期的历史过程中形成的，短期之内相对办学水平不会发生较大变化，理论上大学排名也应保持相对稳定，不应发生剧烈波动。然而，事实却恰恰相反，高校在相邻年度排名发生较大变动的情况时有发生，使社会对大学排名结果产生质疑。其原因很大程度源自大学评价机构经常调整指标体系。不同评价主体选取的指标体系如果不同，其评价结果就会存在较大差异，同一评价主体公布的年度评价结果中，也存在名次相差很大的情况，如此，使得高校和社会公众无所适从，不能从中提取到有效的信息。

指标体系调整过于频繁，反映了我国大学评价体系的科学化程度还不够高，仍在不断修改和完善。当然，我国高等教育事业正处在大发展大变革时期，大学所处内外环境是在不断变化的，我们不可能一次就制定出完美的评价方案。因此，建议大学评价机构保持评价体系的相对稳定，并根据社会环境的变化，对其适度调整，使排名结果能够更加真实地反映每一所大学的实际水平。

第二节　工信部直属高校的学科发展

学科是大学的基本学术组织，是大学进行各项基本活动的基础，是高水平大学建设与发展的龙头。学科水平决定大学办学层次，是衡量现代大学学术水平的重要标志。“加快建设一流大学和一流学科，形成一批世界一流学科是我国高等教育发展目标”[99]。工信部直属的7所高校（哈尔滨工业大学、北京航空航天大学、北京理工大学、西北工业大学、南京航空航天大学、南京理工大学、哈尔滨工程大学）（以下简称“工信部直属高校”）在培养我国国防科技人才、从事国防科技研究等方面发挥着重要作用，这些学校在国内各大学排行榜中的排名及其变化情况也越来越引起学校、社会、学生及家长的高度重视，对学校办学和发展具有不可忽视的影响[100]。本节通过对工信部直属高校的学科资源、学科评估及民间大学排名情况的研究，分析各高校的表现，在此基础上提出学科发展策略。

一、高端学科资源情况

研究选取高端人才、高端学科、教学平台、科研平台、社会服务平台 5 个一级指标和 12 个二级指标对 7 所高校的高端学科资源情况进行了比较，结果如表 4-1 所示。

表 4-1　工信部直属高校高端学科资源情况统计

学校	高端人才			高端学科		教学平台			科研平台			服务平台
	两院院士数	长江学者数	国家杰青数	一级国重数	二级国重数	国家精品课	实验教学中心	人才培养实验区	国家重点实验室	工程技术中心	国防重点实验室	大学科技园等级
哈尔滨工业大学	33	41	39	9	6	27	8	5	3	4	4	A
北京航空航天大学	20	46	34	8	2	17	2	3	2	4	5	A
北京理工大学	13	24	18	4	5	26	2	3	1	2	3	A
西北工业大学	19	20	11	2	7	27	4	3	1	2	6	B
南京航空航天大学	10	11	4	2	9	11	4	2	1	1	1	—
南京理工大学	8	11	7	2	4	8	2	1	1	1	1	B
哈尔滨工程大学	8	5	0	1	1	5	6	1	0	1	2	B
合 计	111	158	113	28	34	121	28	18	9	15	22	

注：数据来源于各高校网站，其中国家杰青指国家杰出青年基金获得者，国家大学科技园等级为最近一次（2011 年）科技部评价结果，南京航空航天大学没有国家大学科技园。

从高端学科资源情况来看，7 所高校明显分为四个层次：

（1）第一层次：哈尔滨工业大学、北京航空航天大学。哈工大和北航的高端学科资源指标均领先其他 5 所高校，尤其是高端人才、一级国家重点学科数等指标遥遥领先其他五校。两校处于工信部直属高校的“领头羊”地位。同时，哈工大在多数指标上要略高于北航，尤其是在教学平台指标上，哈工大的相对优势更加明显。

（2）第二层次：北京理工大学、西北工业大学。北理工和西工大的高端学科资源指标均落后于哈工大和北航，但是远领先于南航、南理和哈工程三校。两校在教学、科研平台资源方面旗鼓相当。西工大虽在院士指标上领先北理，但在长江学者、杰青人数上又不及后者。而在一级重点学科指标上，西工大较北理差距明显。

（3）第三层次：南京航空航天大学、南京理工大学。两所同城的高校在学科资源方面也难分伯仲，各项指标十分接近。在高端人才、科研平台指标上两校可谓平分秋色；在教学平台指标上南航具有显著优势；在高端学科指标方面，两校的一级国家重点学科数相等，但在二级国家重点学科数量上，南航却大幅领先南理。

（4）第四层次：哈尔滨工程大学。除了国家级实验教学示范中心和国防重点实验室两项指标外，哈工程的各项高端学科资源指标普遍落后于其他六校，处于工信部直属高校的最底层。与第三层次的南航、南理两校相比，哈工程在长江学者、国家杰青、国家重点学科、国家级精品课、国家重点实验室等指标上差距十分明显。

二、教育部学科评估情况

教育部学位与研究生教育发展中心组织开展的学科评估，“是按照国务院学位委员会和教育部颁布的《学位授予和人才培养学科目录》的学科划分，对具有研究生培养和学位授予资格的一级学科进行的整体水平评估（简称学科评估）。此项工作于 2002 年首次在全国开展，至今已完成四轮评估”[101]。2012 年的学科评估受到高等学校和有关单位的高度重视和积极响应，有 390 多个单位的 4200 多个学科参加。除 2 所“211 高校”外，其他“211 高校”“985 高校”均参加了评估。“全国高校中的国家重点学科，参评率为93%，博士一级授权学科的参评率为80%”[102]。

工信部7所直属高校均以工科、管理学科见长，理科和人文社会科学较弱。因此，本研究以工学门类下各一级学科以及管理科学与工程一级学科为研究对象，对2012年工信部直属高校参评的共107个主干一级学科的排名情况进行了分析，结果见表4-2。

表4-2 工信部直属高校主干学科2012年学科评估排名统计

学校名称	学科评估排名				
	参评学科数	前5名学科数	前10名学科数	前20名学科数	20名之后学科数
哈尔滨工业大学	20	10	19	20	0
北京航空航天大学	15	6	13	15	0
北京理工大学	17	1	8	16	1
西北工业大学	20	4	5	14	6
南京航空航天大学	11	1	3	8	3
南京理工大学	12	1	3	7	5
哈尔滨工程大学	12	2	2	6	6
合计	107	25	53	86	21

（一）参评学科特征分析

（1）参评学科宽度分析。哈尔滨工业大学、西北工业大学参评的主干一级学科最为全面，均达到20个之多，位居工信部直属高校第一方阵；北京航空航天大学、北京理工大学的参评学科数量位于15～20之间，分布也较为全面，处于第二梯队；而南京航空航天大学、南京理工大学和哈尔滨工程大学3所高校的参评学科仅为11～12个，数量相对较少，学科宽度有所欠缺。

（2）参评学科精度分析。哈工大、北航、北理工和西工大4所“985高校”拥有位于全国高校前列的学科最多，四校居全国前 5 名的学科数合计为 21 个，占七校总和的 84%。居全国前 10 名的学科数合计为 45 个，占七校总和的 85%。其中，哈工大和北航表现最为突出，两校拥有国内顶尖学科（前 5 名）的数量最多，分别为 10 个和 6 个，且居前 10 名的学科占参评学科比例分别高达 95%、87%。南航、南理和哈工程 3 所“211 高校”的学科精度与上述四校相比差距较大。三校居全国前 5 名的学科仅为 1～2 个，居全国前 10 名的学科仅为 2～3 个，约有 77%的参评学科未能进入前 10 名，40%的参评学科未能进入前 20 名。

（3）高端学科差异分析。工信部直属七校分布覆盖东北、华北、西北和华东四大区域，且所在城市多为我国高等教育重镇，学科发展具有明显优势。然而，七所高校之间的高端优势学科资源也存在较大差异。七校中学科实力最强的哈工大是“C9 高校”之一，历年均被国家列为优先重点建设的大学。哈工大的 12 项高端学科资源指标中有 9 个为工信部直属高校第一，该校的航天、材料等高精尖学科，对国防现代化建设具有不可替代的作用；北航的航空宇航学科全国首屈一指，该校高端学科资源有 1 项为工信部直属高校第一，7 项为第二，学科综合实力仅次于哈工大。西工大的“航空、航天、航海”学科群享誉海内外，北理和南理的兵器科学与技术学科排名居全国第一，哈工程的船舶与海洋工程学科排名居全国第二，南航的航空学科也位于全国前列。

（二）学科差异原因分析

（1）国家政策支持程度。工信部直属七所高校中哈工大、北航、北理工和西工大为“985 工程”大学，南航、南理和哈工程为“211 工程”大学。“985 工程”主要面向国际，建设目标是“世界一流和国际知名的高水平研究型大学”，而“211 工程”则基本立足国内，建设目标为“国内一流和国际先进水平”。不同的目标定位决定了高校获得国家政策支持的力度。“985 高校”获得国家专项资金支持力度远远大于“211 高校”，发展水平自然不可同日而语。而哈工大和北航这两所“985 高校”的优势学科均为国家战略优先发展的航天宇航领域，自然成为建设的“重中之重”。南航、南理和哈工程依靠自身行业特色学科优势，获得了“985 工程优势学科创新平台”，平台相关学科每期获得的中央财政资金支持额度与“985 工程”大学接近，其发展条件虽不能比肩“985 高校”，但要明显优于一般的“211 高校”。

（2）区域经济支撑力度。高等学校发展程度受其所在区域经济社会发展程度的影响，且二者在一定程度上呈正比。重点高校基本上均为“省部共建”模式，地方政府要按中央财政资金配套投入，经济发展水平高的地区对高等学校支撑力度大，学校发展就快，反之亦然。北航和北理的学科评估表现显著强于西工大，南航和南理的学科评估结果略微优于哈工程，即有源自区域经济对高校支撑作用的原因。哈工大获得国家政策支持力度在一定程度上弥补了区域经济支撑力度的不足，而西工大和哈工程两校的学科发展则受区域经济支撑力度影响比较严重，以致在拥有学科资源与其他同类高校类似的情况下，学科评估结果却落后于后者。因此，高等学校一定要与所在区域经济社会实现良性互动，协调发展。

（3）学科历史积淀深度。高等学校的传统优势学科大多是学校历届领导及师生苦心经营数十年甚至上百年才建立起来的，在学科的发展过程中蕴含了学校独特的文化内涵和深厚的历史积淀，是其他学校短期难以模仿和复制的。工信部直属七校各自在国防领域相关学科的历史积淀和优势地位同样是其他高校难以超越的。深厚的学术积淀是一所高校区别于其他高校的标识和品牌，也是造成高校之间学科评估结果差异的一个重要原因。

三、民间大学排行榜中的学科排名

1983 年，《美国新闻与世界报道》发布了世界性的第一个大学排行榜，在世界范围内掀起热潮，引起广泛讨论。“随着高等教育市场化的发展，大学排名体系已成为社会的一种潮流，人们期望通过大学排名深入了解各大学的教学质量以及为学生家长提供可靠的信息来源”[103]。中国管理科学研究院（武书连大学排名）是目前在国内知名度和影响力较大的大学评价机构之一，以其发布的 2014 年大学排行榜为参考，分析工信部直属高校大学学科排名情况，结果见表 4-3 所示。

表 4-3　工信部直属高校在 2014 年武书连大学排行榜中的学科排名

学校	自然科学			社会科学	学校类型
	排名（等级）	工学	理学	排名（等级）	
哈尔滨工业大学	5（A++）	3（A++）	23（A+）	74（A）	研究 2 型
北京航空航天大学	21（A+）	7（A++）	55（A）	55（A）	研究 2 型
北京理工大学	26（A+）	14（A++）	42（A）	89（B+）	研究 2 型
西北工业大学	27（A+）	13（A++）	61（A）	150（B）	研究 2 型
南京航空航天大学	30（A+）	20（A+）	109（B+）	61（A）	研究 2 型
南京理工大学	34（A+）	24（A+）	125（B+）	131（B+）	研教 1 型
哈尔滨工程大学	52（A）	38（A）	293（C）	155（B）	研教 1 型

数据来源:武书连.挑大学选专业高考志愿填报指南[M].北京：中国统计出版社，2014.

（1）自然科学排名。工信部直属高校的自然科学学科实力较强，排名基本上均在前 50 名之内。其中，工学排名表现尤其突出，有 4 所高校的工学排名为 A++级（全国仅有 14 所）。哈工大和北航以强大的工学实力稳居十强，西工大和北理工的工科也跻身前 15 名，南航和南理的工学排名保持在 20 名左右，哈工程的工科相对其他6校虽然较弱，但也进入了A级行列。在理学学科方面，七所高校的学科实力差异比较显著。哈工大的理科在工信部直属高校中一枝独秀，为 A+级；北航、北理工和西工大的理科实力基本上在同一层次，南航和南理的理科实力差距不大，而哈工程的理科排名在 300 名左右，学科等级仅为 C 级，与该校工科学科排名相差悬殊。

（2）社会科学排名。工信部直属高校的社会科学学科实力相对较弱，有 3 所高校为 A 级，2 所高校为 B+级，2 所高校为 B 级。七所高校没有一所社会科学排名进入前 50 名，排名最高的北航为第 55 名；南理、西工大和哈工程三校的社会科学排名都在 100 名之外。在社会科学下属的八大学科中，工信部直属高校只有在管理学领域排名表现较好，七校均进入了前 100 名，南航、北航和哈工大的管理学为 A+级，北理和南理的管理学为 A 级。在社会科学下属的其他七大学科中，没有一所高校的社会学科进入 A 级。总体而言，七所高校社会学科排名不尽人意。

（3）学科排名分析。7 所工信部直属高校的学科优势集中在自然科学，尤其是工学学科。理学基础学科的实力还有待加强，人文社会学科在全国高校中没有任何优势。学科的交叉与融合是未来科学技术发展的必然趋势，也是建设世界知名高水平大学的必然要求。因此，7 所高校在保持工科传统学科优势地位的同时，应加大对文理基础学科的重视程度和支持力度，加强文理交融、协调发展。

四、工信部直属高校学科发展策略

工信部直属的 7 所高校作为我国国防技术和高新技术研究领域最高水平的代表，应当高度重视学科建设，科学谋划学科发展，强化国防行业特色，引领尖端领域方向。在保持工学传统学科优势的基础上，大力提高理科研究水平，选择性发展一流文科，促进新兴学科交叉融合。同时，应积极促进七校之间的合作与交流，建立联盟，优势互补，共同进步，携手建设世界知名的高水平学府。

（1）保持学科精度。国防科技工业是国家战略性产业，国防科技始终处在全球科学技术发展的最前端，对科学技术的发展发挥着先导性、带动性作用。工信部直属七校都是具有国防行业背景的院校，行业特色是立校之本。优势决定地位，特色彰显价值，必须始终瞄准国家国防科技重大战略需求和国际学术前沿，进一步凝练学科方向，优化学科结构，打造顶级创新平台和一流科研团队，建设具有“高精尖”不可替代的高水平学科，力争将现在前 5 名的学科都打造成为全国“数一数二”的顶尖学科，在国防科学技术和尖端技术研究领域始终居于国内高校前列。

（2）拓展学科宽度。“一个国家的社会科学水平决定了这个国家认识和改造人类社会的能力”。“理工科大学的人文教育缺失是由特殊的历史原因造成的，又是在长期的历史过程中被延续甚至加剧的”[104]。当今高等教育的竞争是综合实力的较量，人文社会学科竞争力水平是综合竞争力的重要方面。“没有人文学科丰沛的学术滋养，理工学科有可能沦为技术化、工具化学科从而失去长远发展的潜力”[105]。人文学科与理工学科发展相辅相成，相互促进。清华大学的管理学、法学、历史学和艺术学均为全国前十名，经济学和文学也位列全国前 20 名。因此，为建设一流大学，工信部七校必须重视发展人文社会学科，制定科学的文科发展规划，应坚持“有所为，有所不为”的方针，集中优质资源，建设一流文科，力争使 1～2 个人文社会学科进入全国前 10 名。

（3）推动理科崛起。理科是科学的生命，没有深厚的理科，就不可能有尖端的工科。理科的原始基础理论创新往往会极大促进工程技术学科的发展。纵观国内外的一流的工科大学，大多都有卓越的理科作为支撑。如“加州理工学院的天文学、地质学、物理学在美国民间或新闻媒体所进行的大学学科排名中，基本上都列全美第一，数学、生物学、化学等学科也都排在前 10 名之内”[106]。清华大学的数学、物理、化学、生物学四个理学一级学科在 2012 年学科评估中分别列第 5、4、6、1 名，工学门类下 20 个一级学科全部进入全国前 5 名，其中有 11 个学科为第一名。国内学者有研究表明：“我国一流大学理科整体的质量水平仍然明显低于美国一流大学水平”[107]。因此，推动实施“理科崛起”战略，是工信部直属七校建设高水平大学的必然选择。

（4）加强合作交流。通过工信部直属高校之间的交流与合作，可以实现一种“超长板效应”，即“在合作共同体中的每个学校的教学、科研水平不仅会由‘最长的那块木板’决定，甚至会通过合作中的互动，最终实现所有学校的跨越式发展，共同上升到一个更高的水平”[108]。七校的学术水平各有伯仲，专业特色各有所长。可考虑建立“工信部直属高校联盟”，定期开展学术交流活动，共享教学科研平台，全面加强在学科建设、师资队伍、人才培养和科学研究等各方面的深入合作，实现相互促进，协调发展。

（5）树立学科品牌。“学科品牌是学科表象形象与深刻内涵的有机结合，是学科在长期发展过程中形成的战略性资产，是学科核心竞争力的重要内容”[106]。树立品牌观念有利于维护学科的良好形象，不断扩大学科的知名度和美誉度，谋取竞争优势，扩大社会影响，增强辐射作用。因此，增强学科“品牌”意识对学科发展具有重要的战略意义。工信部七校在长期历史发展过程中，形成了各自的品牌特色学科，如哈工大、北航和南航的航空宇航学科群、北理和南理的兵器技术学科群、西工大的“三航”学科群、哈工程的“三海一核”学科群。应当树立品牌学科优先发展的理念，通过广泛吸纳国内外高层次人才，有计划地组成高水平学科队伍，加大资金投入，建设一批具有国际声誉的品牌学科，达到引领、指导传统学科建设，带动学科全面发展的目的。

第三节　教育部直属财经类高校的学科发展

教育部直属的5所财经类高校分别为上海财经大学、中央财经大学、西南财经大学、中南财经政法大学、对外经济贸易大学（以下分别简称“上财”“央财”“西财”“中南财”“外经贸”）。这5所高校全部是“211工程”重点建设大学，办学历史悠久，财经特色明显，对培养我国现代化建设需要的财经类高级专门人才起到了重要的作用，学校发展受到政府和社会的高度关注，学科建设是高水平大学建设与发展的龙头。本节在对2012年教育部学科评估结果与五校办学资源进行分析的基础上，提出其学科发展策略。

一、2012 年学科评估结果分析

教育部学位中心组织开展的学科评估，是按照国务院学位委员会和教育部颁布的《学位授予和人才培养学科目录》的学科划分，对具有研究生培养和学位授予资格的一级学科进行的整体水平评估。此项工作于 2002 年首次在全国开展，至今已完成四轮评估。2012 年的学科评估受到高等学校和有关单位的高度重视和积极响应，共有 391 个单位的 4235 个学科参加。除 2 所“211 高校”外，其他“211 高校”“985 高校”均参加了评估。

5 所高校共有 52 个一级学科参加评估。本节选取七个核心主干学科：理论

经济学、应用经济学、法学、统计学、工商管理、公共管理、管理科学与工程进行研究，这些学科分属经济学、法学、理学、管理学四大门类。2012 年五校共计 30 个核心主干学科参评，其评估得分、排名及位次见表 4-4 和表 4-5。

表 4-4　教育部直属财经类高校主干一级学科评估得分

	理论经济学	应用经济学	法学	统计学	工商管理	公共管理	管理科学工程	总分	均值
上 财	78	82	70	83	81	68	69	531	75.86
央 财	71	85	70	76	78	70	69	519	74.14
西 财	76	82	72	—	80	—	—	*310	*77.5
中南财	73	77	80	72	76	72	66	516	73.71
外经贸	—	79	74	70	78	70	—	*371	*74.2

注：“—”表示该学科 2012 年未参评，“*”表示该得分是基于部分学科评估得分的计算值。

表 4-5　教育部直属财经类高校主干一级学科评估排名及位次

学校	理论经济学（55 所）		应用经济学（88 所）		法学（86 所）		统计学（87 所）		工商管理（115 所）		公共管理（60 所）		管理科学工程（102 所）	
	排名	位次（%）	排名	位次（%）	排名	位次（%）	排名	位次（%）	排名	位次（%）	排名	位次（%）	排名	位次（%）
上财	10	18.2	6	6.8	29	33.7	4	4.6	8	6.9	29	48.3	47	46.1
央财	21	38.2	2	2.3	29	33.7	11	12.6	17	14.8	24	40	47	46.1
西财	13	23.6	6	6.8	21	24.4	—	—	12	10	—	—	—	—
中南	16	29.1	18	20	8	9.3	26	29.9	24	20.9	18	30	70	68.6
经贸	—	—	12	13.6	17	19.8	32	36.8	17	14.8	24	40	—	—
均值	15	27.3	9	9.9	21	24.2	18	21	16	13.5	24	39.6	55	53.6

注：“—”表示该学科 2012 年未参评。

（一）学科评估得分

5所高校中，上财、央财、中南财有7个学科参评，外经贸和西财分别有5

个、4个学科参评。以总分为第一因素、平均分为第二因素对5所高校主干学科得分降序排列，结果为：上财＞央财＞中南财＞外经贸＞西财。排名第一的上财总分和平均分比排名第二的央财高出12分和1.72分；央财和中南财的总分和平均分相差不大；西财虽然因为参评学科少致使总分低于外经贸，但由于学科发展较为平衡，平均分反而比外经贸高3.3分。

从学科角度看，5所高校中上财占据了4个学科得分第一名，分别为：理论经济学、统计学、工商管理和管理科学与工程，且有3个学科得分在80分以上；央财和中南财各拥有2个得分排名第一的学科，但两校均只有1个学科得分在80分以上；西财虽然没有得分排名第一的学科，但是却有2个得分高于80的学科；外经贸既没有得分排名第一的学科，也没有得分高于80的学科。

综上，2012年学科评估中上财表现最佳，其次为央财和中南财，再次为西财，外经贸相对表现最差。但是，5所高校却没有一个学科得分达到90分以上。单个学科得分最高的央财的应用经济学也仅为85分；从各校学科得分均值来看，即使平均分最高的上财也仅为75.86分，学科水平仅处于中等水准，所以教育部直属财经类高校的学科发展现状不容乐观。

（二）学科评估排名及位次

（1）学科排名。5所高校中位居全国前十名的学科共计7个，占参评主干学科总数的23%。从全国十强学科的高校分布看，上财有4个，分别为理论经济学（第10名）、应用经济学（第6名）、统计学（第4名）和工商管理（第8名）；央财、西财和中南财各有1个，分别是：央财和西财的应用经济学（第2和第6名）、中南财的法学（第8名）。外经贸没有位于全国前十的学科，该校排名最靠前的学科为应用经济学（第12名）。

从学科角度看，应用经济学一级学科拥有排名前十的学校最多，为3个（上财、央财、西财）；理论经济学、法学、统计学和工商管理等四个学科拥有排名前十的学校各有1个；公共管理、管理科学与工程这两个学科则没有1个位居前十的学校，这两个学科排名最高的是中南财的公共管理（第18名），排名最低的是中南财的管理科学与工程（第70名）。

总体而言，7个学科得分排名顺序为：应用经济学＞理论经济学＞工商管理＞统计学＞法学＞公共管理＞管理科学与工程。

（2）学科位次。5所高校跻身全国高校前10%的学科也为7个。从前10%学科的校际分布看，上财有3个，分别是应用经济学（6.8%）、统计学（4.6%）、工商管理（6.9%）；西财有2个，分别是应用经济学（6.8%）、工商管理（10%）；央财有1个应用经济学（2.3%）；中南财有1个法学（9.3%）。外经贸没有位于全国高校前10%的学科。

从学科角度看，同样是应用经济学拥有居全国高校前10%学科的高校最多，为3个（上财、央财、西财），且5所高校中排名最靠前的学科是央财的应用经济学（2.3%），与北京大学并列全国第2名，仅次于中国人民大学。工商管理学科拥有全国前10%学科的高校有2个（上财、西财）；法学、统计学拥有全国前10%学科的学校各有1个；然而，理论经济学、公共管理和管理科学与工程等三个学科没有一所排名居全国前10%学科的高校。

7个学科排名位次顺序为：应用经济学＞工商管理＞统计学＞法学＞理论经济学＞公共管理＞管理科学与工程。

（三）学科发展总体评价

通过上文对5所财经类高校参评核心主干一级学科评估得分、排名及位次的分析，可以对这些高校的学科发展状况得出以下结论。

（1）经济学科强，管理学科弱。按学科得分排名分析，应用经济学和理论经济学均位于7个学科的前两位。其中，应用经济学的学科排名和位次在7个学科中表现最佳，拥有排名全国前十和前10%学科的高校最多，且五校中有3所的应用经济学排名跻身全国高校前10%，五校应用经济学排名全部进入全国高校前20%，平均排名为第9名，平均位次为前9.9%。从学科布局来看，5所高校全部拥有理论经济学、应用经济学的一级博士点，且五校的国家级重点学科绝大多数属于经济学门类。

无论从学科排名还是从学科位次来看，公共管理和管理科学与工程都位于7个学科的最后两位。公共管理和管理科学与工程学科得分的均值分别为70、68，平均名次为第24、第55，平均位次仅为前39.6%、53.6%。从学科布局分析，五校中仅有上财和西财拥有管理科学与工程一级博士点，仅有中南财1所高校拥有公共管理一级博士点，管理学一级学科点布局不全。综上，五校的管理类学科在全国仅处于中流水平。

（2）应用经济强，理论经济弱。从学科评估得分来看，理论经济学得分均值为74.5分，应用经济学得分均值为81分，两者相差6.5分；从学科排名来看，理论经济学平均排名为第15名，仅有1所学校进入前十名。而应用经济学的平均排名为第9名，有3所学校进入前十名；从学科位次来看，理论经济学平均位次为全国前27.3%，没有一所学校进入全国前10%，排名最靠前的上财也仅为前18%，即有近五分之一的高校排名位于其前。应用经济学的平均位次为全国前9.9%，仅有不到十分之一的学校排名位于其前。有3所学校排名进入全国前10%，央财的应用经济学与北大并列全国第2名。

五校的经济类学科都存在“重应用，轻理论”的问题，反观理论经济学科排名领先的人大、北大、复旦、南开等高校，其应用经济学排名也都位于全国前列。理论经济学可比作地基，没有深厚的理论研究作为基础和后盾，应用研究的大厦也不可能达到一定高度。只有理论经济学与应用经济学协调发展，相互促进，才能共筑经济学研究的宏伟殿堂。

二、高端办学资源情况分析

本研究选取学科平台、科研平台、教学平台、高端人才、高端成果等5个一级指标和15个二级指标对五校的相关数据进行统计，结果见表4-6。

表4-6　教育部直属财经类高校高端办学资源情况

学校名称	学科平台			科研平台			教学平台			高端人才		高端成果		
	国家重点学科	一级博士点	一级硕士点	985学科平台	人文社科基地	博士后流动站	国家精品课程	国家特色专业	国家教学团队	长江学者人数	博士生导师数	优秀博士论文	优博提名论文	毕业博士生数
上财	0/3	6	16	1	1	6	7	6	4	8	257	3	3	247
央财	1/1	4	10	1	1	5	3	8	3	6	142	0	0	134
西财	0/4	5	11	1	1	3	5	8	6	5	240	2	3	294
中南	0/4	6	15	1	1	5	15	8	5	1	160	2	3	206
经贸	0/2	5	8	0	1	4	16	11	3	2	97	1	2	105
合计	14	26	60	4	5	23	46	41	21	22	754	8	11	986

注：数据主要源自各高校网站。国家重点学科N/M表示一级重点学科N个，二级重点学科M个；毕业博士生数为2013年毕业生数，源于武书连《挑大学选专业2014》，北京：中国统计出版社。

（一）学科平台

（1）国家重点学科。5所高校共拥有1个一级国家重点学科和14个二级国家重点学科。一级国家重点学科在央财，二级国家重点学科分布则较为均匀，西财和中南财各有 4 个，上财有 3 个，外经贸有 2 个。5 所高校都拥有应用经济学方向国家重点学科，但在理论经济学方面却仅上财和西财各有 1 个二级国家重点学科，没有一所学校拥有理论经济学一级国家重点学科。

（2）一级学科博士点和硕士点。一级博士点体现学科综合实力和水平，一级硕士点则反映优势学科储备，代表了学科发展潜力。五校一级博士点数差别不大，为 4～6 个，而一级硕士点分布相差则较为悬殊，数量最多的是上财和中南财，各有 16 个和 15 个，西财和央财各有 11 个和 10 个，外经贸一级硕士点数量最少，为 8 个，仅为上财的一半。上财和中南财不仅博士点数量最多，且硕士点数量也占绝对优势，学科发展前景较好，外经贸学科发展后劲则相对不足。

（二）教学科研平台

（1）教学平台。国家精品课、特色专业和教学团队是反映高校教学平台建设水平的三项重要指标。5 所高校的国家特色专业和教学团队指标相差不大，而在国家级精品课方面，外经贸和中南财分别为 16 门和 15 门，数量上占有绝对领先优势，是其他三校的 2～5 倍。相对而言，中南财和外经贸的教学平台最为完善，上财、央财和西财在教学平台建设方面需要加大力度。

（2）科研平台。985 学科平台、教育部人文社科基地、博士后流动站是反映科研创新能力的代表性指标。985 学科平台主要面向高水平行业特色型大学，全国拥有平台的高校共 33 所。五校中有 4 所拥有平台，只有外经贸无平台；教育部在全国 66 所高校设立了 151 个人文社科重点研究基地，入选基地在该领域为全国一流水平，5 所高校均有 1 个基地；设立博士后流动站高校在本学科具有较强科研实力和较高学术水平。五校有博士后流动站 23 个，其中上财

6个，央财和中南财各5个，外经贸和西财分别为4个和3个。

（三）高端人才和成果

（1）高端人才。选取长江学者、博导数等指标反映学校高端人才状况。其中，前项指标反映高端人才质量，后项指标代表高端人才数量储备。上财无论是高端人才的数量还是质量在5所高校中均排名第一，且有较大领先优势；西财高端人才指标排名位居第二，博导数量优势比较突出；央财在长江学者指标上与西财相差不大，但是在博导数量指标上与西财相差悬殊；中南财和外经贸在该项指标上平分秋色，外经贸在高端人才质量上占据较大优势，而中南财在高端人才数量上大幅领先。

（2）高端成果。选取1999－2013年全国优博论文数[109]、提名论文数、2013年毕业博士数三项指标反映高端成果。其中，前两个指标反映人才培养质量，后一个指标反映人才培养数量。上财、西财和中南财高端人才和成果产出基本相当，并以较大优势领先央财和外经贸。在高端成果指标上，央财表现最差，不仅博士生培养规模较小，而且没有获过一篇全国优博论文或提名论文，与拥有一级国家重点学科的地位极其不称。外经贸的劣势在于博士生培养规模太小，每年仅毕业100人左右，这与其在国家重点学科、一级硕士点、985学科平台、博导数量等指标上的明显劣势有很大关系。

（四）学科评估与办学资源对比

通过对5所高校学科评估表现与高端办学资源的对比，发现存在“强校趋强，弱校趋弱”的马太效应。在高端办学资源上，上财和央财在绝大多数指标上拥有领先优势。5所高校中，上财学科布局最全、高端人才资源最集中、高端成果产出最丰富；央财则拥有财经类高校中唯一的一级国家重点学科，教学科研平台资源也居五校前列。相对而言，外经贸的高端办学资源最为匮乏，主要体现在：缺少985优势学科创新平台、国家重点学科和一级硕士点数量偏少、高端师资数量和质量劣势明显、博士生培养规模偏小等。

5所高校的学科评估表现与其拥有的高端办学资源情况高度一致。上财拥有的高端办学资源最丰富，学科评估得分及排名也最佳。而外经贸由于在高端办学资源各项指标上的明显劣势，致使其学科评估结果也相对最差。学科评估结果直接影响一所高校的学科声誉，好的学科评估结果可扩大该学科的知名度和美誉度，从而聚集更多的优秀办学资源，促进学科的良性发展。反之，差的学科评估结果使学科对优质办学资源的吸引力和凝聚力减弱，将使学科发展陷入恶性循环。

三、重点财经高校学科发展策略

第一，高度重视，科学谋划。学科是大学的最基本元素，是大学进行各项活动的基础。学科水平决定大学办学层次，建设一流大学首先要建设一批一流学科。高校必须把学科建设提到战略高度，引起高度重视。如中国人民大学始终把学科建设作为学校中心任务来抓，在第一、第二轮学科评估结果公布后及时进行总结，对评估结果进行客观分析，即使是排名较好的学科也具有强烈的忧患意识。为准确了解学科建设实际，学校组织专家编写了《学科分析报告》和《重点学科分析报告》，对所有学科状况进行梳理，分析重点学科建设情况，通过与兄弟院校进行比较发现优势和不足，并制定相应对策[110]。2012年学科评估人大9个学科排名第一，与学校领导对学科发展的高度重视与科学谋划密不可分，对5所财经院校的学科建设具有重要的启示意义。

第二，强制参评，以评促建。学科评估就像人的体检，经过一段时间的学科建设，就需要进行定量和定性的分析评价，进行科学和有公信力的“学科体检”。虽然教育部的学科评估让各高校自愿参评，但从有利学科建设与发展的长远角度出发，高校应强制每个学科参评，绝不能因为担心“自曝家丑”而讳疾忌医。强制参评的目的就是要摸清学科家底，经过学校多年投入，学科到底发展得怎么样，“是骡子是马，拉出来遛遛”。学科评估的外在压力会促使学科产生发展的内在动力，从而使学科永葆蓬勃发展的活力。

第三，经管互动，协调发展。5所高校学科建设存在的突出问题之一是“经济学科强，管理学科弱。”经济、管理学科发展不协调。5所高校的管理学科发展水平不仅远落后于以北大为代表的综合类高校，甚至也落后于以清华、上交大等为代表的理工强校。因此，五校应高度重视管理学科的发展，在保持工商管理学科优势的同时，大力发展管理科学与工程、公共管理等学科，逐步缩小与综合高校和理工强校的发展差距。

第四，加强交流，合作共赢。5 所高校学术水平各有伯仲，专业特色各有所长。通过彼此之间交流与合作，每个学校的教学、科研水平不仅会由“最长的木板”决定，甚至会通过合作中的互动，实现所有学校跨越式发展，共同上升到一个更高的水平[108]。五校可以商讨建立“中国财经高校联盟”，共享教学科研平台，全面加强在学科建设、师资队伍、人才培养和科学研究等方面的深入合作，实现相互促进，共同发展。

第五，立足行业，保持特色。5 所高校历史上都是隶属财政部、中国人民银行等国家部委的高校，财经行业特色优势十分明显，具有丰富的校友人脉资源，在金融、保险、证券等行业具有广泛的影响力。应充分挖掘和利用历史和现实的各种资源，结合国家重大战略需求和财经行业需要，凝练学科方向，优化学科结构，积极打造学科创新平台和一流科研团队，建设具有鲜明财经行业特色的优势学科，始终保持在财经研究领域居于国内领先地位。

第六，开放办学，走向世界。“学校的国际化主要体现在三个方面：一是生源国际化；二是教学科研人员国际化；三是研究内容和学术交流国际化”[111]。应通过国际化办学，吸引全世界范围的人才，使学校成为活跃的国际研究中心和多元文化中心。5 所高校的办学方向应面向世界，吸引全球顶尖水平的教师、科研人员和各国优秀学生于此聚集，逐步提高学校的国际化程度，不断扩大学校的知名度和影响力，努力建设国际知名的一流财经高校。

第四节　地方高水平大学的学科发展

占高校总数 90%以上的地方高校是我国高等教育体系的主体。在已公布的“世界一流大学”建设高校（42 所）和“世界一流学科”建设高校（95 所）中，地方高校共 47 所，占比约 34.3%，一定程度上反映了地方高校整体学科水平的发展现状。“双一流”建设以五年为周期的滚动淘汰机制，为已经进入或正在冲击“双一流”的地方高水平大学及其学科发展提供了机遇与挑战。“双一流”背景下地方高水平大学未来如何调整学科发展战略冲击“双一流”？这是本节将要研究的问题。通过研究将为建设高等教育强省、提升地方高水平大学的学科建设绩效提供参考，也为构建“双一流”学科评价体系提供新思路。

一、地方高水平大学学科建设的研究综述

国外学术界尚未提及“地方高水平大学”这一研究术语，围绕学科建设与学科评价的研究较为成熟：（1）学科建设方面主要集中于对学生、课程等微观

领域的研究。Sonja Pullen 等[115]（2014）通过将不同的学科理念融于化学教学中，设计了跨学科研究生课程。Robert Full 等[116]（2015）分析了影响学生进行学科选择的因素；（2）学科评价方面主要围绕评价指标体系与评价方法的理论研究和实践研究展开。理论方面：Sombatsompop N 等[117]（2005）利用 IFPA 法对不同学科的表现进行评估。R. Williams 等[118]（2008）利用国际同行评议与学科绩效统计的方法对澳大利亚大学的学科声誉进行排名。Kaur J.等[119]（2013）提出了用来比较不同学科学者影响力的 h（s）模型；实践方面：国际上影响力较大的学科评价有由美国科技信息所推出的 ESI 全球学科排名、由英国国际高等教育咨询机构 Quacquarelli Symonds 发布的 QS 世界大学学科排名、由《美国新闻与世界报道》杂志推出的美国 US News 世界大学学科排名以及由英国泰晤士高等教育杂志社推出的泰晤士高等教育（THE）世界大学学科排名。

近些年国内学术界对于“双一流”背景下的地方高校学科建设的研究主要围绕学科定位、困境与问题、建设路径以及个案探讨等角度展开，而针对“双一流”背景下地方高校学科评价的理论研究内容较少。理论方面：（1）地方高校学科建设的定位、困境与对策等研究。谭光兴等（2017）认为“双一流”背景下地方高校学科建设的挑战与机遇并存，在明确应然定位“实力、特色和贡献”的基础，应将“立地、特色和应用”作为可选策略。吴海江等（2018）指出因地方高校学科定位模糊与学科发展现实困境，使其面临“入围”或“突围”两难选择，进而提出地方高校学科发展应采取外推与内驱相耦合的路径策略。黄彬等（2019）认为地方高校学科建设面临理念滞后、资源不足、评价偏颇等困境，面对知识生产模式更迭转型、产业需求升级转变以及问题导向的现实驱动，提出地方高校学科建设的路径选择；（2）地方高校学科建设的个案研究。

刘小强等[120]（2017）认为地方高校学科建设普遍存在的突出问题为缺乏亮点、定力、合力和动力，在介绍江西师范大学学科建设的“六定”工作机制后，提出地方高校建设一流学科的三点思考。王超等（2018）从宏观、中观和微观3个层面总结北京工业大学开展一流学科建设的实践经验；（3）地方高校学科评价研究。胡守忠等[121]（2009）在地方高校重点学科选拔、建设与验收的评价指标中引入“价值管理”理念，构建评估模型，并用软件实现。郑凌莺等[122]（2011）基于平衡记分卡理论和层次分析法原理，构建地方高校学科评价指标体系；实践方面，国内影响力较大的学科评价体系有由教育部学位与研究生教育发展中心组织的全国一级学科整体水平评估、由上海软科教育信息咨询公司发布的《中国最好学科排名》、由武汉大学中国科学评价研究中心发布的《中国大学本科教育分学科门类竞争力排行榜》、由艾瑞深中国校友会网发布的《中国大学学科专业评价报告》。

围绕地方高校的学科建设，学者已开展全方位研究。虽然相关文献较丰富，但通过深入分析发现：（1）研究内容上侧重于宏观对地方高水平大学学科建设的理论探究以及微观方面的个案探讨，以理论研究为主；（2）地方高水平大学学科评价为一般意义上的，在“双一流”背景下针对性较弱，尤其针对地方高水平大学学科建设绩效评价的研究更少；（3）研究方法上多为定性分析。

二、地方高水平大学学科建设的策略选择

“双一流”建设需要全要素协调推进，地方高水平大学尤其是行业特色型高校经过多年的发展，依托区域经济与当地政府的投入，已形成一些极具特色的学科，但多数没有形成优势，很难与原“985工程”等部委直属高校进行全方位竞争，因此，地方高水平大学建设“双一流”必须有所侧重。教育部长陈

宝生也指出，国家同等对待部属高校和地方高校，地方高校建不了一流大学，可以建一流学科。

“双一流”建设以五年为周期的滚动淘汰机制以及“扶优、扶强、扶特”的价值取向，为地方高水平大学的学科发展提供了外在政策支持；地方高水平大学的特色、优势学科为冲击世界一流学科提供了内在驱动力。因此，地方高水平大学作为“双一流”建设的重要参与者，要找好自身定位，创新学科建设机制，以特色发展应对“双一流”实施所带来的机遇与挑战，实现内涵式发展。

（一）明确学科定位，做好顶层设计

地方高水平大学学科建设的首要任务是在正确审视自身学科现状的基础上，围绕“双一流”建设的总体要求，做好顶层设计，明确发展定位。检视以往的地方高水平大学的学科建设历程可以发现，普遍存在着定位不清的问题，主要体现在多数地方高水平大学片面追求学科大而全，没有主动将自己的优势资源与地方经济社会发展相结合，缺少了地域性特色资源的支撑，无法形成“人无我有、人有我特”的优势，导致学科建设、科研发展同质化现象严重。诚然，地方高水平大学在高水平成果、高水平人才以及高水平科研平台等方面无法与部属高校相比，但因其“地域性”的独特优势，也可形成高水平科研成果与高水平学科。因此，地方高水平大学的学科建设应在尊重高等教育发展规律的基础上，坚持“有所为、有所不为”，既要敢于顶天，更要注重立地。

多数地方高水平大学的 ESI 前 1%学科数量非常少，有的甚至是没有的。因此，极少数高校可以积极“入围”，发展“顶天”学科，即瞄准学术前沿、技术尖端、重大发明发现，通过服务国家重大战略、承担国家重要科研任务来建设一流学科；对于大多数地方高校而言，更应注重“突围”，发展“立地”学科，即立足地方、面向地方，以区域化的优势或特色学科、应用学科为依托，推动错位发展，形成人无我有、人有我强的学科布局，构建以建设一流学科为导向的学科生态体系。如北京工业大学就明确了“立足北京、服务首都”的办学定位，结合学科优势采取了“服务北京行动计划”与“服务京津冀协同发展建设工程”。

（二）突破创新，形成特色优势学科

多数地方高水平大学按部就班地建设学科很难取得突破，这就需要地方高水平大学开拓思路，寻找新的学科切入点。在紧密结合办学传统和社会需求的基础上，优化学科结构，凝练学科发展方向，重点打造特色学科，走出一条以特色为基础的一流学科建设路径。

（1）彰显特色或优势学科。世界一流学科成长规律证明，有特色的学科不一定成为一流，但一流的学科必然具备特色。如“双一流”建设中的 11 所医科类大学，其中的 7 所是凭借“中药学”或“中医学”入选的。因此，对于基础好、潜力大的优势或特色学科，尤其是入围 ESI 世界前 1%的学科，需进一步集聚优势学科资源，做强做优，打造学科高峰；非优势学科可以主动寻求与优势学科的融合，如南京医科大学外国语学院就将语言学与医学交叉，提出病理语言学等前沿课题。

（2）推进学科交叉。国内外学科发展的实践证明，新的学科生长点往往首先出现在学科交叉中，跨学科研究可以在研究内容、方法、手段等方面取得突破。地方高水平大学应着力推进学科群的发展，打通学科间的壁垒，推进学科间的融合。如吉林师范大学通过统筹中国史和中国语言文学，利用保存的满文档案，开展满族语言文化研究，使其满学研究特色鲜明、国内一流。北京工业大学则采取了“自上而下”与“自下而上”相结合的新型学部制改革，既在学校层面建立实体型学部，又根据跨学科前沿问题的需要，成立跨学科研究院。

（三）突出本地化，提高社会服务力

社会服务是现代大学的重要职能之一。地方高水平大学的建设面临两难选择：一方面，强调大学的自由教育与自主发展，希望保持学术自由，避免外界的过多介入与干预；另一方面，又强调大学的开放发展，突出大学的社会服务功能。现代美国大学迅速崛起的一个重要原因在于大学的职能逐渐从单纯的教学扩展为教学、科研、社会服务等各方面。地方高水平大学应充分了解区域经济社会发展现状，立足地方需求，与地方产业、企业发展密切联系，将学科优势与区域产业转型升级相结合，加强学科建设与区域产业发展需求的融合，通过科技服务、校企合作、技术咨询与推广、联合攻关培养所需人才、建立服务型智库等方式提高学科发展对地方经济发展和企业技术革新等的支撑力，在促进区域经济社会发展的同时，学校凝练学科方向、优化学科结构、孕育特色学科、强化学科特色，实现校地双赢。如华中科技大学发挥光电学科的优势，助力武汉市建立“中国光谷”；2015 年 4 月，广东省委省政府正式出台了《关于加快建设高水平大学的意见》，在全国范围内率先开展高水平大学建设，其在文件方案、实践操作等各个方面均强调“立足服务广东”，在设置建设成效的考核指标时，也专门增加了“为广东经济社会发展服务”的指标，并设置了 30%的权重。

（四）深化改革，推动体制机制创新

地方高水平大学受制于人才与经费等资源的有限性，若要破解，需另辟蹊径，即通过机制和体制的创新，为学科发展提供支撑。一方面，创新人才机制。由于平台、资源优势不凸显，地方高水平大学对高层次人才的吸引力不如一些部属高校，应着重在“引、育、留”等方面下功夫，采取协同发展、柔性引进

等方式引进人才，通过“青老教师结对帮扶”等方式培养高层次的青年师资队伍，通过改善薪酬福利、学术环境等方式留住人才；另一方面，拓宽筹资渠道。地方高水平大学可充分利用其“地域性”的特点，特色、优势或应用型学科要主动寻求与学科相关企业、行业、产业的合作，利用科研、学科平台等优势来服务社会并从行业、企业难题诊断中获取研究课题，吸纳社会资金的支持。

第五节　河北省重点高校的学科发展

2015年11月，国务院印发《统筹推进世界一流大学和一流学科建设总体方案》，提出“要加快建成一批世界一流大学和一流学科。”[67] 2017年1月，教育部、财政部、发改委联合印发《统筹推进世界一流大学和一流学科建设实施办法（暂行）》。各省份也纷纷出台了本省的“双一流”建设方案，并对入选高校和学科予以重金支持。其中，河北省于2016年5月出台了《关于统筹推进一流大学和一流学科建设的意见》，“十三五”时期拟投入25亿元支持省属重点高校“双一流”建设，12所高校的54个学科获得资助，其中包括17个“世界一流学科”建设项目，37个“国家一流学科”建设项目。对河北省高校“双一流”建设评价标准及实施路径进行探究，对实现河北省“双一流”建设目标，加速实现从高教大省向高教强省转变具有重要的现实意义，同时也可为我国其他省份的“双一流”建设提供参考借鉴。

一、“双一流”建设评价标准

目前，虽然国家和各地政府均已启动“双一流”建设的宏大工程，但对“一流大学”和“一流学科”建设却没有明确标准可依，能达成共识的是“世界一流大学必须要有若干世界一流学科群支撑”。因此，“双一流”建设的核心应该是“世界一流学科”建设。

国内高教界对学科的评价主要参考以下三条标准：一是教育部学科评估排名。2017年第四轮学科评估结果已公布；二是大学评价机构的学科排名。目前比较知名和具有较大影响力的主要有美国的US News、英国的QS、英国的THE和上海软科的ARWU等四个世界大学学科排名；三是ESI学科排名。ESI数据库是美国科技信息研究所2001年推出的衡量科研绩效、跟踪科学发展趋势的分析工具，基于汤森路透（现科睿唯安）所收录的全球12000多种学术期刊的1000多万条文献记录而建立，已成为当今世界范围内普遍用以评价高校、学术机构、国家/地区国际学术水平及影响力的重要评价指标工具之一。

上述三条标准中，教育部学科评估是唯一具有中国特色的学科评价体系，世界大学学科排名和ESI学科排名是国际范围广为认可的学科评价体系。但是，由于排名机构的价值理念不同，各个世界大学排名的指标体系也有很大差异，只有ESI学科排名完全遵循客观性原则。因此，本节以ESI学科排名为依据，对我国ESI学科概况进行介绍，并对河北省重点高校ESI学科发展态势进行深入分析。

二、我国高校 ESI 学科分布概况

ESI数据库更新周期为2个月，根据2017年5月更新的数据（覆盖时间为2007年1月1日－2017年2月28日），全球上榜机构总数为5352所，其中中国大陆高校上榜210所，具体情况见表4-7。从上榜高校的学科分布看，除空间科学学科外，其他21个学科均有中国大陆高校进入。其中，化学、工程学、材料科学和

临床医学等4个学科上榜高校最多，这4个学科上榜数合计为412个，占上榜学科总数的48.7%。而经济与商业、综合交叉学科、精神病学与心理学等三个学科上榜数极少，仅有2～3所高校上榜。微生物学、免疫学2个学科上榜高校数也未超过20所。这些学科是我国高校学科建设的薄弱环节，未来需要大力加强。

表 4-7 2017 年 5 月各学科上榜机构及中国大陆上榜高校数

序号	学科英文名	学科中文名	2017 年 3 月		2017 年 5 月	
			上榜机构	大陆高校	上榜机构	大陆高校
1	Agricultural Sciences	农业科学	781	43	764	45
2	Biology & Biochemistry	生物学与生物化学	960	48	938	50
3	Chemistry	化学	1204	120	1166	120
4	Clinical Medicine	临床医学	4032	74	3936	80
5	Computer Science	计算机科学	414	33	398	36
6	Economics & Business	经济与商业	291	2	287	2
7	Engineering	工程学	1339	118	1304	117
8	Environment/Ecology	环境科学与生态学	841	29	827	30
9	Geosciences	地球科学	632	21	617	21
10	Immunology	免疫学	683	12	667	16
11	Materials Science	材料科学	806	92	783	95
12	Mathematics	数学	245	27	241	29
13	Microbiology	微生物学	417	11	409	11
14	Molecular Biology & Genetics	分子生物学与遗传学	715	21	705	23
15	Multidisciplinary	综合交叉学科	97	2	97	2
16	Neuroscience & Behavior	神经系统学与行为学	811	24	788	25
17	Pharmacology & Toxicology	药理学和毒理学	807	40	788	43
18	Physics	物理学	732	34	704	33
19	Plant & Animal Science	植物学与动物学	1157	40	1126	43
20	Psychiatry/Psychology	精神病学与心理学	599	2	591	3

（续表）

序号	学科英文名	学科中文名	2017 年 3 月		2017 年 5 月	
			上榜机构	大陆高校	上榜机构	大陆高校
21	Social Sciences General	社会科学总论	1324	20	1303	22
22	Space Science	空间科学	154	0	151	0
23	ALL	合计	5460	201	5352	210

如表4-8所示，从我国高校ESI学科的省域分布来看，28个省（市、自治区）拥有至少1个ESI学科，还有3个省份没有实现ESI学科的突破，分别是青海自治区、西藏自治区和海南省。北京、江苏和上海位列ESI学科数前三甲，三地拥有的ESI学科数均超过了全国高校ESI学科总数的10%，其中北京以绝对优势雄居榜首，有128个ESI学科，占全国的15%。从ESI高校分布来看，江苏、北京、上海和广东拥有ESI高校数量最多，四地拥有ESI高校共计69所，占全国的三分之一以上。可见，ESI学科资源的丰裕度与地区经济发展水平紧密相关。

表 4-8　全国各省份 ESI 学科及高校数量分布

序号	省份	高校		ESI 学科	
		数量（所）	占比（%）	数量（个）	占比（%）
1	北京	20	9.52	128	15.13
2	江苏	23	10.95	104	12.29
3	上海	13	6.19	88	10.40
4	湖北	11	5.24	56	6.62
5	广东	13	6.19	53	6.26
6	山东	12	5.71	47	5.56
7	浙江	12	5.71	42	4.96
8	陕西	11	5.24	41	4.85
9	湖南	8	3.81	34	4.02
10	辽宁	11	5.24	28	3.31
11	四川	6	2.86	27	3.19

（续表）

序号	省份	高校		ESI 学科	
		数量（所）	占比（%）	数量（个）	占比（%）
12	天津	6	2.86	26	3.07
13	黑龙江	7	3.33	25	2.96
14	安徽	8	3.81	23	2.72
15	福建	7	3.33	21	2.48
16	重庆	4	1.90	18	2.13
17	吉林	3	1.43	16	1.89
18	甘肃	3	1.43	15	1.77
19	河南	7	3.33	13	1.54
20	河北	7	3.33	10	1.18
21	云南	4	1.90	7	0.83
22	江西	2	0.95	6	0.71
23	山西	3	1.43	6	0.71
24	广西	3	1.43	5	0.59
25	贵州	1	0.48	2	0.24
26	内蒙古	2	0.95	2	0.24
27	新疆	2	0.95	2	0.24
28	宁夏	1	0.48	1	0.12
合计		210	100	846	100

三、河北省高校 ESI 学科发展概况

截至 2017 年 5 月，河北省仅有 7 所高校拥有 10 个 ESI 前 1%学科，占全国高校 ESI 学科总数的 1.2%。如表 4-9 所示，从各学科的世界排名看，燕山大学、河北医科大学等 2 所高校世界排名在 2000 名之内，河北大学、河北师范大学、河北工业大学和华北理工大学等 4 所高校世界排名在第 2000～3000 之间，河北农业大学的世界排名在 3000 名以外。从国内排名情况看，河北省高

校均未能进入全国百强，7 所高校的排名均为 100～200 之间。燕山大学的 ESI 学科综合指标居全省高校第一位，居全国第 122 位。

总体而言，河北省高校的 ESI 学科数量较少，论文总数、顶级论文、高被引论文和热点论文数量也较少，篇均被引次数较低，学科排名较为落后。

表 4-9　2017 年 5 月河北省高校 ESI 学科各项指标

国内排名	世界排名	高校名称	论文总数	被引频次	篇均引文	顶级论文	热点论文	高被引文	ESI 学科数
122	1989	燕山大学	5185	27998	5.40	27	1	27	2
123	1996	河北医科大学	3910	27789	7.11	19	1	19	1
129	2108	河北大学	4101	25279	6.16	19	1	19	1
140	2238	河北师范大学	2913	23030	7.91	7	0	7	2
159	2551	河北工业大学	3032	17569	5.79	10	0	10	2
163	2641	华北理工大学	1820	16509	9.07	32	0	32	1
184	3070	河北农业大学	1500	11945	7.96	10	0	10	1

四、河北省高校 ESI 学科建设存在的问题

（一）学科数量较少

河北省高校仅有 10 个学科进入 ESI 前 1%，占全国高校 ESI 学科总数的 1.2%，在全国各省份中位列第 20 名。在东部 11 个省份中位居倒数第二名（海南省还没有 ESI 学科），河北省的 ESI 学科数量不仅落后于湖北、湖南、黑龙江、安徽、吉林和河南 6 个中部省份，甚至也落后于陕西、四川、重庆和甘肃 4 个西部省份。全国 28 个省份的高校共计拥有 846 个 ESI 学科，省均学科数 30 个，河北省高校的 ESI 学科数仅为全国平均水平的三分之一。东部地区 10 个省份的高校拥有 547 个 ESI 学科，省均学科数为 54.7 个，河北省高校的 ESI 学科数不及东部地区均值的五分之一。

（二）学科领域较窄

河北省高校的 10 个 ESI 学科涉及 6 个学科领域，分别为化学 3 个、材料科学 2 个、临床医学 2 个、工程学 1 个、农业科学 1 个、植物学与动物学 1 个。ESI 学科领域共有 22 个，河北省高校仅涉足其中 6 个，占比为 27%。值得关注的是，ESI 的 22 个学科中有 9 个属于医学和生命科学领域，河北省高校的 ESI 学科多为传统学科领域，在生命科学领域的 7 个学科领域还没有实现突破。21 世纪是生命科学的世纪，生命科学的发展将极大地影响人类文明进程，各国政府均高度重视生命科学的发展。中国国家自然科学基金委员会项目资助比例中，生命科学的资助比例约占三分之一，远高于其他 6 个领域。“世界主要发达国家投入生命科学的研发经费均达到或接近科技总投入的 50%左右”[114]。据统计，与生命科学相关的院士在美国科学院中占 47%，在中国科学院中占 20%。河北省高校应高度重视生命科学学科建设。

（三）学科水平较低

从河北省高校 ESI 学科的世界排名来看，总体上 10 个 ESI 学科的世界排名均较为落后，没有一个学科进入 ESI 前 1‰。如表 4-10 所示，排名最高的是河北医科大学的临床医学，世界排名 3.35‰，燕山大学的工程学紧随其后，世界排名 4.75‰，再次为燕山大学的材料科学，世界排名 5.43‰。其他 7 个学科的世界排名均在 6‰以外。有 4 个学科世界排名在 9‰以外，2 个学科世界排名在 8‰～9‰之间。学科排名越靠后，则学科发展态势越不稳定。如，2017 年 3 月河北工业大学的工程学曾进入 ESI 前 1%，但排名在 9‰以外，两个月后，ESI 数据库更新后，该学科又跌出了 ESI 前 1%。由此可见，河北省高校 ESI 学科建设质量仍然较低，学科发展态势尚不明朗。

表 4-10　河北省高校 ESI 学科排名位次变动（2017.3—2017.5）

序	学科	高校	学科排名/入围学科总数			世界相对排名 P（‰）		
			2017.03	2017.05	变化	2017.03	2017.05	变化
1	临床医学	河北医大	1333/4032	1318/3936	↑15	3.31	3.35	↓0.04
2	工程学	燕山大学	660/1339	619/1304	↑41	4.93	4.75	↑0.18
3	材料科学	燕山大学	447/806	425/783	↑22	5.55	5.43	↑0.12
4	化学	河北大学	858/1204	864/1166	↓6	7.13	7.41	↓0.28
5	农业科学	河北农大	659/781	623/764	↑36	8.44	8.15	↑0.29
6	化学	河北师大	1071/1204	1031/1166	↑40	8.89	8.84	↑0.05
7	材料科学	河北工大	752/806	705/783	↑47	9.33	9.00	↑0.33
8	临床医学	华北理工	3584/4032	3760/3936	↓176	8.89	9.55	↓0.66
9	植物学与动物学	河北师大	—	1079/1126	—	—	9.58	—
10	化学	河北工大	1187/1204	1136/1166	↑51	9.86	9.74	↑0.12

（四）学科潜力较弱

为了对各高校 ESI 学科发展潜力进行预测，首先对一个概念加以明确：学科潜力值。

计算公式为：

$$某学科潜力值=\frac{某学科发表论文的总被引频次}{该学科ESI前1\%机构发表论文的总被引频次}$$

学科潜力值指标可以直观地反映某学科进入 ESI 前 1%的接近程度。应用该公式，根据 2017 年 5 月份数据，对河北省拥有 ESI 学科的 7 所骨干高校的后备优势学科进行分析，计算结果见表 4-11。可见，学科潜力值大于 90%的仅有 2 个：河北工业大学的工程学、河北农业大学的植物学与动物学。学科潜力值处于 80%～90%的有 4 个，分别为河北医科大学的神经系统学与行为学、药理学和毒理学，燕山大学的化学，河北大学的材料科学。总之，河北省高校有实力冲击 ESI 前 1%的学科数仅为上述 6 个，其他学科潜力值均低于 80%，距 ESI 学科的阈值相差还比较大。

表 4-11 河北省七所高校 ESI 前 1%学科潜力值分析

学科	燕山大学	河北大学	河北工大	河北师大	河北医大	河北农大	华北理工
化学	86.6%	●	●	●		66.3%	57.5%
材料科学	●	81.1%	●	49.2%			
工程学	●	73.8%	99.5%				
临床医学					●		●
农业科学						●	
物理学	42.9%		29.8%	31.4%			
计算机	58.4%						
植物学与动物学				●		92.8%	
神经系统学与行为学					89.9%		
药理学和毒理学					87.8%		
分子生物学与遗传学							43.8%

注：●表示已进入 ESI 前 1%的学科；百分数表示距 ESI 学科阈值的接近度。

五、加快河北省高校 ESI 学科建设的若干建议

（一）提高重视，加强谋划

由于 ESI 数据库的客观性与时效性，政府部门、高等院校及第三方评价机构均将其纳入学科绩效考评体系。如教育部第三轮、第四轮学科评估体系均引

入“ESI 高被引论文”指标；2012 年教育部、财政部出台的《关于印发高等学校创新能力提升计划实施方案的通知》（2011 计划）将申报学科是否进入 ESI 前 1%作为申报“科学前沿类”协同创新平台的前提条件；各省份出台的“双一流”建设方案中，很多都将进入 ESI 前 1%或 1‰作为学科建设目标和考核验收指标；美国的新闻与世界报道（US News）、中国校友会网、武汉大学中国科学评价研究中心等大学排名机构也将 ESI 指标引入评价体系。可见，ESI 作为一种科学的学科绩效评价指标，已得到各方面广泛认同。建议河北省政府相关部门、省属重点高校也应进一步提高对 ESI 学科建设的重视，加强顶层设计，将其纳入“双一流”建设目标之一，给予更多的政策支持和资源投入。例如各高校可在高层次人才引进、研究生指标、平台建设等方面，对 ESI 优势或潜力学科给予一定的政策倾斜。

（二）建立团队，学科交叉

ESI 的学科分类比较宽泛，与我国教育部制定的学科分类标准不同，如 ESI 的工程学一个学科就可对应我国工学门类下的近 30 个一级学科。ESI 学科的这种分类特点体现了其注重学科交叉的特点，是一种“大学科”格局。因此，河北省高校在制定 ESI 学科发展规划时，也不能依靠某个学科单打独斗，而要整合相关学科资源协同作战。例如，武汉理工大学 2014 年启动了 ESI 学科建设计划，提出了 1 个 ESI 前 1‰和 5 个 ESI 前 1%的建设任务，分“一流学科引领”“一流学科提升”和“一流学科培育”等三类项目实施，给予每个项目 1000 万到 1 亿元不等的资金支持。2014 年至 2016 年共资助项目 200 余项，经费总额达 2300 余万元。每个项目组均为由首席科学家牵头的协同创新团队，首席科学家一般由院士、长江学者、国家杰出青年基金获得者担任，首席科学家根据本学科领域和方向建设需要，自主选择创新团队成员和规模，跨学科交叉组建创新团队，开展原创性基础研究和科学前沿技术研究。自项目实施以来，该校的 ESI 学科排名实现了大幅提升，实现了预期效果。

（三）瞄准前沿，研究热点

ESI 学科排名最重要的指标就是论文的“总被引频次”，该指标体现了某学科在该领域的影响力和学术地位。要增加论文的被引次数，一方面固然要提升论文的写作水平，然而更重要的是注重研究学科前沿和热点问题。因为学科前沿和热点是该领域大多数学者都在关注的问题，是学科发展的主流，只有紧密跟踪研究学科前沿和热点，才能与其他学者产生学术共鸣，激发思维碰撞的火花，进而增加论文的引用频次。生命科学作为 21 世界最具挑战性的学科领域之一，在整个科学技术领域中的重要性日益增强。现代生命科学的重要特征是对高新技术的需求和依赖越来越强。例如，“未来的基因测序技术将不再以任何生物化学反应为原理，而是可以利用纳米技术和有关的光电技术所设计出的装置直接读出 DNA 的序列”。河北省高校应高度重视发展生命科学学科，依托现有的优势学科，加强工科、理科、医科与生命科学的交叉，培育新的学科方向，形成自身的研究特色。

（四）整合资源，打造高峰

河北省高校现有 ESI 学科数量少，后备潜力学科也严重不足。这种状况决定了河北省高校 ESI 学科建设思路不能谋求“全面开花”，而应努力实现“重点突破”。即使是公认的世界一流大学，其学科也并不全都是“世界一流”水平。高校拥有的学科资源是有限的，如果没有重点、平均用力，则各个学科发展速度都较慢，学校整体学科建设水平也不高。作为地方高校，首先要明确自身发展定位，不能盲目追求“研究型大学”建设目标，地方高校的主要职能是为所在区域经济社会发展培养大量应用型人才，这也是地方高校区别于部属高校的重要特征，这一特征决定了地方高校不应将追求 ESI 前 1%学科数量作为发展目标，而应强化自身的学科特色，坚持“有所为，有所不为”，集中全校学科资源，全力支持现有 ESI 前 1%学科做大做强，努力打造学科高峰，争取实现 ESI1‰学科的突破，以优势学科的率先发展，带动相关学科群的整体发展。

（五）绩效考核，动态调整

国家“双一流”建设政策出台的本义为“打破身份固化，弥补竞争缺失”，河北省高校在“一流学科”建设过程中，也应建立科学的绩效考核制度，实行学科能上能下的动态调整机制，鼓励竞争，优胜劣汰。对入围“一流学科”建设项目的高校，省教育主管部门要督促其制定科学的学科发展规划和经费预算，借助第三方机构力量，动态监测学科建设过程，及时向高校反馈存在的问题。省财政部门要安排“一流学科奖补资金项目”，在一个建设周期结束时，按照各学科考核验收结果，对考核“优秀”的学科，给予适当的奖励，并在下一建设周期内增加资金支持力度。对考核“不合格”的学科，应按比例减少甚至取消下一建设周期的资助。这样，才能激发各高校和学科的内生活力和发展动力，形成各学科争先恐后、创先争优的良好局面，进而促进全省高等教育水平的不断提高。

附　录

附录 1：

2008—2012 年"985"大学的武书连大学排名、在河北省招生数量及录取分数线排名情况统计表

学校	武书连大学排名					在河北招生数量					在河北录取分数线排名				
	08	09	10	11	12	08	09	10	11	12	08	09	10	11	12
上海交通大学	4	4	4	4	4	64	42	33	32	32	3	2	6	6	4
中山大学	12	8	9	7	8	96	102	103	110	111	34	26	25	24	25
四川大学	13	13	10	10	9	299	305	321	316	306	30	28	29	28	28
哈尔滨工业大学	14	14	11	11	10	160	157	162	154	141	18	6	12	10	11
西安交通大学	10	12	14	14	15	100	95	65	83	84	36	25	24	23	19
中南大学	19	19	17	17	16	240	262	268	265	279	23	36	33	31	36
中国科学技术大学	7	7	13	16	17	35	32	25	30	29	35	12	2	2	3
中国人民大学	22	21	19	18	18	39	35	43	42	44	4	8	7	6	7
大连理工大学	24	24	22	21	21	240	245	233	226	235	8	13	15	15	17
北京师范大学	18	17	20	20	22	58	60	60	50	50	37	21	19	20	16
重庆大学	28	27	27	26	26	251	256	258	265	228	27	33	33	31	33
北京航空航天大学	23	22	25	27	27	142	157	151	152	154	13	3	3	3	6
华东师范大学	29	30	31	33	33	30	32	38	34	37	17	17	26	22	27
武汉大学	9	10	7	8	7	95	97	123	128	119	16	23	21	21	18
山东大学	15	16	15	13	13	170	182	179	196	180	21	27	27	26	23
北京理工大学	31	31	30	30	30	102	109	111	114	130	5	5	9	8	10
同济大学	26	25	23	25	25	90	98	120	120	130	6	9	12	12	12
清华大学	1	1	1	3	3	55	37	40	28	42	1	1	1	1	1
北京大学	2	2	2	2	2	43	34	30	26	25	2	4	4	3	2

（续表）

学校	武书连大学排名					在河北招生数量					在河北录取分数线排名				
	08	09	10	11	12	08	09	10	11	12	08	09	10	11	12
复旦大学	6	6	5	5	5	23	28	25	25	26	15	10	5	5	5
浙江大学	3	3	3	1	1	60	64	74	76	70	9	11	8	9	8
南京大学	5	5	6	6	6	38	39	34	44	41	12	15	11	13	9
南开大学	16	15	16	15	14	159	161	156	165	162	10	19	16	17	14
厦门大学	21	23	26	23	23	106	109	100	117	117	25	23	22	27	20
中国农业大学	32	32	33	31	31	158	160	160	140	130	24	29	35	29	29
东南大学	20	20	18	19	19	75	85	100	115	128	29	35	28	35	24
华中科技大学	8	9	8	9	11	148	151	156	156	151	26	14	14	14	15
西北工业大学	25	29	28	28	28	165	175	163	157	156	11	16	17	16	21
中国海洋大学	56	57	60	57	56	85	87	95	85	81	33	29	30	30	33
华南理工大学	27	26	24	24	24	85	87	94	92	94	14	18	18	18	22
兰州大学	30	28	29	29	29	153	152	168	147	154	32	33	36	36	37
天津大学	17	18	21	22	20	296	295	302	271	281	7	6	10	10	13
湖南大学	33	33	32	32	32	125	127	137	150	154	22	32	30	31	30
吉林大学	11	11	12	12	12	330	336	351	351	362	30	31	30	34	34
东北大学	34	34	46	46	46	149	157	171	172	212	19	22	23	25	32
中央民族大学	150	149	166		162	59	62	58	53	52	28	38	37	37	31
西北农林科技大学	53	47	49	48	48	244	270	270	309	291	38	37	38	38	38
电子科技大学	48	43	37	40	39	150	163	195	207	227	20	20	20	18	26

注：1.根据大学类型和文理招生比例将高校分为理科、文科和综合类，录取分数线以学校类型为主，综合类院校的录取分为文理总分的一半；2.国防科学技术大学于2008–2011年在河北省无招生，本表中不包括国防科技大学。

附表 2：

2008－2012 年“985”大学的邱均平大学排名、在河北省招生数量与录取分数线排名情况统计表

学校	邱均平大学排名					在河北招生数量					在河北录取分数线排名				
	08	09	10	11	12	08	09	10	11	12	08	09	10	11	12
上海交通大学	5	5	7	5	5	64	42	33	32	32	3	2	6	6	4
中山大学	10	9	9	8	9	96	102	103	110	111	34	26	25	24	25
四川大学	15	13	13	14	10	299	305	321	316	306	30	28	29	28	28
哈尔滨工业大学	18	19	16	17	14	160	157	162	154	141	18	6	12	10	11
西安交通大学	16	17	18	18	13	100	95	65	83	84	36	25	24	23	19
中南大学	21	21	21	21	19	240	262	268	265	279	23	36	33	31	36
中国科学技术大学	13	15	15	15	17	35	32	25	30	29	35	12	2	2	3
中国人民大学	11	11	10	12	15	39	35	43	42	44	4	8	7	6	7
大连理工大学	26	26	26	25	26	240	245	233	226	235	8	13	15	15	17
北京师范大学	8	8	8	13	16	58	60	60	50	50	37	21	19	20	16
重庆大学	32	32	34	32	31	251	256	258	265	228	27	33	33	31	33
北京航空航天大学	23	22	20	24	25	142	157	151	152	154	13	3	3	3	6
华东师范大学	24	24	25	26	24	30	32	38	34	37	17	17	26	22	27
武汉大学	7	7	6	7	7	95	97	123	128	119	16	23	21	21	18
山东大学	17	16	17	9	12	170	182	179	196	180	21	27	27	26	23
北京理工大学	30	31	31	33	34	102	109	111	114	130	5	5	9	8	10
同济大学	22	23	23	23	23	90	98	120	120	130	6	9	12	12	12
清华大学	2	2	2	2	2	55	37	40	28	42	1	1	1	1	1
北京大学	1	1	1	1	1	43	34	30	26	25	2	4	4	3	2
复旦大学	4	4	4	4	4	23	28	25	25	26	15	10	5	5	5
浙江大学	3	3	3	3	3	60	64	74	76	70	9	11	8	9	8
南京大学	6	6	5	6	6	38	39	34	44	41	12	15	11	13	9
南开大学	12	12	11	11	18	159	161	156	165	162	10	19	16	17	14
厦门大学	19	18	19	20	21	106	109	100	117	117	25	23	22	27	20

（续表）

学校	邱均平大学排名					在河北招生数量					在河北录取分数线排名				
	08	09	10	11	12	08	09	10	11	12	08	09	10	11	12
中国农业大学	27	27	29	29	29	158	160	160	140	130	24	29	35	29	29
东南大学	25	25	22	19	20	75	85	100	115	128	29	35	28	35	24
华中科技大学	9	10	12	10	8	148	151	156	156	151	26	14	14	14	15
西北工业大学	29	28	28	27	27	165	175	163	157	156	11	16	17	16	21
中国海洋大学	43	43	50	50	44	85	87	95	85	81	33	29	30	30	33
华南理工大学	31	29	30	30	28	85	87	94	92	94	14	18	18	18	22
兰州大学	28	33	27	31	30	153	152	168	147	154	32	33	36	36	37
天津大学	20	20	24	22	22	296	295	302	271	281	7	6	10	10	13
湖南大学	33	30	32	28	32	125	127	137	150	154	22	32	30	31	30
吉林大学	14	14	14	16	11	330	336	351	351	362	30	31	30	34	34
东北大学	35	39	43	41	45	149	157	171	172	212	19	22	23	25	32
中央民族大学	78	88	80	93	94	59	62	58	53	52	28	38	37	37	31
西北农林科技大学	85	77	86	72	69	244	270	270	309	291	38	37	38	38	38
电子科技大学	37	41	41	36	36	150	163	195	207	227	20	20	20	18	26

注：1.根据大学类型和文理招生比例将高校分为理科、文科和综合类，录取分数线以学校类型为主，综合类院校的录取分为文理总分的一半；2.国防科学技术大学于2008–2011年在河北省无招生，本表中不包括国防科技大学。

附录 3：

一流大学建设高校学科建设绩效评价表

学校	综合得分 F		学科规模因子 F_1		学科质量因子 F_2	
	得分	排序	得分	排序	得分	排序
清华大学	1.8123	1	0.5382	14	3.5797	1
北京大学	1.6521	2	1.6554	2	1.6475	3
上海交通大学	1.4315	3	1.4241	3	1.4418	5
浙江大学	1.3353	4	2.0746	1	0.3097	13
复旦大学	0.9347	5	1.4050	4	0.2823	14
中山大学	0.7918	6	1.1005	6	0.3635	12
南京大学	0.6761	7	0.8088	10	0.4920	10
中国科学技术大学	0.5941	8	0.3490	18	0.9340	6
华中科技大学	0.4160	9	0.9567	8	−0.3341	22
四川大学	0.3888	10	1.0573	7	−0.5385	25
武汉大学	0.2964	11	0.6506	13	−0.1949	20
中南大学	0.2930	12	0.4217	15	0.1143	15
山东大学	0.2910	13	1.1360	5	−0.8813	38
哈尔滨工业大学	0.2168	14	−0.1010	23	0.6578	8
西安交通大学	0.1549	15	0.8126	9	−0.7575	30
吉林大学	0.0757	16	0.6802	12	−0.7629	31
厦门大学	−0.0294	17	0.7144	11	−1.0611	40
同济大学	−0.0416	18	0.0616	21	−0.1848	19
东南大学	−0.0628	19	0.0358	22	−0.1996	21
南开大学	−0.0878	20	0.1135	20	−0.3672	23
华南理工大学	−0.1255	21	−0.2610	26	0.0626	17
天津大学	−0.1795	22	−0.3054	27	−0.0048	18
北京师范大学	−0.2061	23	0.3787	17	−1.0174	39
湖南大学	−0.2130	24	−1.9304	41	2.1694	2
大连理工大学	−0.2571	25	0.1505	19	−0.8226	36
电子科技大学	−0.3166	26	−1.6705	40	1.5617	4

（续表）

学校	综合得分 F		学科规模因子 F_1		学科质量因子 F_2	
	得分	排序	得分	排序	得分	排序
兰州大学	−0.3207	27	0.3795	16	−1.2920	41
华东师范大学	−0.3894	28	−0.1535	25	−0.7167	29
中国农业大学	−0.4066	29	−0.1453	24	−0.7691	32
北京航空航天大学	−0.4161	30	−1.0706	34	0.4919	11
重庆大学	−0.4877	31	−0.5537	29	−0.3962	24
北京理工大学	−0.4969	32	−0.9057	32	0.0701	16
郑州大学	−0.5339	33	−1.3297	37	0.5701	9
西北工业大学	−0.5705	34	−1.5100	38	0.7328	7
中国海洋大学	−0.6334	35	−0.5165	28	−0.7955	33
西北农林科技大学	−0.7413	36	−0.6877	30	−0.8158	35
东北大学	−0.8128	37	−0.8129	31	−0.8126	34
国防科学技术大学	−0.8966	38	−0.9127	33	−0.8743	37
中国人民大学	−0.9552	39	−1.1802	35	−0.6431	27
云南大学	−1.0565	40	−1.3147	36	−0.6982	28
新疆大学	−1.1234	41	−1.5431	39	−0.5412	26

附录 4：

地方高水平大学学科建设综合得分排名

学校	综合得分 F		规模得分 F_1		质量得分 F_2	
	得分	排序	得分	排序	得分	排序
苏州大学	2.99365	1	3.12106	1	2.83468	2
郑州大学	1.5159	2	0.25551	11	3.08849	1
上海大学	1.1903	3	2.44123	2	−0.37049	22
南昌大学	0.6752	4	1.00791	8	0.26008	11
福州大学	0.60655	5	−0.73836	32	2.28458	3
南京师范大学	0.52796	6	1.14298	6	−0.2394	17
天津医科大学	0.47089	7	1.63355	3	−0.97975	36
南京信息工程大学	0.36068	8	−0.34759	21	1.24438	4
北京工业大学	0.31925	9	0.1525	13	0.5273	7
西北大学	0.22447	10	1.08987	7	−0.85529	35
华南师范大学	0.20178	11	1.29151	4	−1.15788	37
南京邮电大学	0.11385	12	−0.00335	14	0.26009	10
河南大学	0.08223	13	−0.66610	31	1.01592	5
宁波大学	0.07313	14	1.18545	5	−1.31470	38
广西大学	0.04052	15	0.35594	10	−0.35303	19
太原理工大学	−0.07565	16	−0.17753	17	0.05146	12
安徽大学	−0.09044	17	0.51400	9	−0.84459	34
天津工业大学	−0.18724	18	0.20495	12	−0.67658	32
四川农业大学	−0.31867	19	−0.59937	29	0.03156	13
东北农业大学	−0.32687	20	−0.99915	36	0.51192	8
南京林业大学	−0.33407	21	−0.99042	35	0.48486	9
云南大学	−0.34713	22	−0.15711	16	−0.58421	27
湖南师范大学	−0.34777	23	−0.33162	20	−0.36791	21
河北工业大学	−0.36878	24	−0.11103	15	−0.69038	33
贵州大学	−0.37444	25	−0.62765	30	−0.05851	14

（续表）

学校	综合得分 F		规模得分 F_1		质量得分 F_2	
	得分	排序	得分	排序	得分	排序
首都师范大学	−0.38410	26	−0.21549	18	−0.59448	28
西南石油大学	−0.38582	27	−0.51723	24	−0.22185	16
南京中医药大学	−0.39710	28	−0.39590	22	−0.39859	24
上海中医药大学	−0.46465	29	−0.32344	19	−0.64083	31
新疆大学	−0.47004	30	−0.52234	25	−0.40479	25
海南大学	−0.47985	31	−1.66754	38	1.00203	6
上海海洋大学	−0.48261	32	−0.56304	27	−0.38226	23
广州中医药大学	−0.5033	33	−0.56287	26	−0.42897	26
石河子大学	−0.53542	34	−0.46739	23	−0.62031	29
成都理工大学	−0.60699	35	−0.83908	33	−0.31742	18
天津中医药大学	−0.61415	36	−0.59396	28	−0.63935	30
辽宁大学	−0.62909	37	−1.05802	37	−0.09392	15
延边大学	−0.67217	38	−0.9209	34	−0.36183	20

参 考 文 献

[1] 陈玉琨.教育评价学[M].北京:人民教育出版社,1998:16.

[2] 余小波,陆启越,王蕾.大学社会评价论略[J].高等教育研究,2015(4):33-38.

[3] 王占军.大学排行对院校的组织决策、行为与文化的影响[J].中国高教研究,2012(2):25-28.

[4] 翟亚军,王晴."双一流"建设语境下的学科评估再造[J].清华大学教育研究,2017(6):45-51.

[5] 辛彦怀,胡小元.我国大学排序的历史与现状[J].高等教育研究,1998(2):74-77.

[6] 黄欣,吴志功.美国大学排行的产生与发展[J].比较教育研究,2006(4):26-29.

[7] 刘念才,程莹, Jan Sadlak.大学排名:国际化与多元化[M].上海:上海交通大学出版社,2009.

[8] Jamil Salmi.League Tables as Policy Instruments[J].International Higher Education,2007(47).

[9] Ellen Hazelkorn. Rankings, Diversity, and Excellence: A European Policy Challenge?[J].International Higher Education,2008(51).

[10] Stolz I,Hendel D D,Horn A S.Ranking of rankings:benchmarking twenty-five higher education ranking systems in Europe[J].Higher Education,2010(5).

[11] HUANG M H.Opening the black box of QS world university rankings[J]. Research evaluation,2012(1).

[12] 郭立强.印度尼西亚大学排名系统特点及启示[J].高教探索,2018(12):66-72.
[13] 杨天平,任永灿.国内外大学评价指标体系的发展趋势[J].高教发展与评估,2014(5):1-11.
[14] 赵蓉英,王嵩.世界大学排名方法及其排行榜比较研究[J].中国地质大学学报(社会科学版),2015(3):131-138.
[15] 曾志嵘,师璐.大学排名价值取向的比较研究[J].黑龙江高教研究,2019(8):54-58.
[16] 赵锋,白玫.大学排名:批判、存在与发展[J].河北师范大学学报(教育科学版),2016(3):102-107.
[17] 方泽强.大学排名的守望与超越[J].西南交通大学学报(社会科学版),2016(3):78-84.
[18] 林建华.理性认识大学排名在实现高等教育内涵式发展中的作用[J].中国高教研究,2018(1):1-3.
[19] 方卫东,汤良,杨建梅.大学评价指标分析[J].高等工程教育研究,2009(5):109-112.
[20] 申超.大学排行榜的形成机理及其指标体系研究[J].中国高教研究,2011(7):39-42.
[21] 汤建民.大学排行榜的改进之策[J].高教发展与评估,2016(4):1-5.
[22] 韩飞舟.摆脱大学排行榜的指标陷阱[J].中国高教研究,2016(3):66-72.
[23] 赵晓冬,李兴国.对大学排名及其研究的统计检验[J].统计与决策,2016(13):47-51.
[24] 田虎伟,王艳丽,王雪燕.中国大学综合实力排行榜排名方法的比较分析[J].复旦教育论坛,2019(6):84-90.

[25] 岳文娟,孙长青.基于大学排名评价体系的世界一流大学建设研究[J].河南大学学报(社会科学版),2019(3):122-128.

[26] 赵国栋,马瑞敏.世界一流大学五大评价指标体系的比较、改进及其启示[J].重庆大学学报(社会科学版),2019(5):111-122.

[27] 宫新栋,杨平,时留新,等."双一流"建设背景下大学评价的改进方向[J].研究生教育研究,2019(6):60-65.

[28] Monks J, Ehrenberg R G. The impact of the US News and World Report college rankings on admission outcomes and pricing policies at selective private institutions. NBER Working Paper NO.7227, National Bureau of Economic Research, Cambridge,MA,1999.

[29] Eccles C. The Use of University Rankings in the United Kingdom[J]. Higher Education in Europe,2002(4).

[30] Higher Education Institute. College Rankings and College Choice: How Important Are College Rankings in Students' College Choice Process? Retrieved March 10, 2010 from: http://www.heri.ucla.edu/PDFs/pubs/briefs/brief-081707-CollegeRankings.pdf.

[31] Dill D D，Soo M．Academic quality，league tables，and public policy: A cross-national analysis of university ranking systems[J]．Higher Education, 2005(4)．

[32] Clarke M. The Impact of Higher Education Rankings on Student Access, Choice and Opportunity[J]. Higher Education in Europe, 32(1),59-70.

[33] 程术希.一流大学建设中的捐赠及其对策研究[D].杭州:浙江大学,2005.

[34] Meredith, M. Why Do Universities Compete in the Ratings Game? An

Empirical Analysis of the Effects of the U. S. News and World Report College Rankings[J]. Research in Higher Education, 45(5),443-462.

[35] 徐和清.大学排名对高校招生竞争力影响的实证考量——基于武书连大学排名及江西一本招生数据的分析[J].高校教育管理,2010(5):19-23.

[36] 乐国林,张丽.大学排名对高校影响的社会学分析——基于布迪厄场域、资本理论的探析[J].现代教育科学(高教研究),2005(3):37-40.

[37] 任青.当前国内大学排名现状及对策探析[J].理论观察,2013(7):121-122.

[38] 《中国高教研究》编辑部.2014 年全国高校高等教育科研论文统计分析[J].中国高教研究,2015(4):1-7.

[39] 丁学东.文献计量学基础[M].北京:北京大学出版社,1993:122-127.

[40] 李晓红,于善清,胡春霞,等.科技期刊评价中应重视“基金论文比”的作用[J].科技管理研究,2005(10):134-135.

[41] 蔡文伯,刘曼.教育学学科建设研究文献计量分析[J].高教发展与评估,2013(7):19-29.

[42] 周光礼,谢清.中国高等教育研究的前沿与进展:2012 年年度报告[J].中国高教研究,2013(7):23-36.

[43] 李兴国,张莉莉.世界一流大学建设的现实基础与路径选择——基于38所样本高校 ESI 学科指标的统计分析[J].高校教育管理,2016(6):38-45.

[44] 李兴国.我国普通高校 ESI 学科分布特征及对学科建设的启示[J].学位与研究生教育,2016(5):63-68.

[45] 赵德国,蔡言厚,党亚茹.2018 中国大学评价研究报告[M].北京:科学出版社,2018:15-17.

[46]邱均平,汤建民,赵蓉英.2018－2019 中国大学及学科专业评价报告[M].北京:

科学出版社,2018:3.

[47] 程莹.软科中国最好大学排名的方法与特点[J].上海教育评估研究,2017(3):35-39.

[48] 李兴国,赵晓冬.中国大学评价指标与ESI学科指标关联程度的统计检验[J].统计与决策, 2017(3):108-111.

[49] 邱均平,张蕊.我国大学评价的现状、问题与对策[J].科技进步与对策,2004(2):95-98.

[50] 李强.知名度之研究[J].调查与研究,:10-12.

[51] 中国大百科全书[M].北京:中国大百科全书出版社,1982.

[52] 王伟光.利益论[M].北京:人民出版社,2001.

[53] 拉法格.回忆马克思[M].北京:人民出版社,1954.

[54] 赵晓冬,司林波.主观判断的客观性与集体选择的综合[J].科学管理研究,2009(5):537-541.

[55] 戴跃侬.大学评价体系及其排行榜透视[J].扬州大学学报,2003(3):12-16.

[56] Thakur,M. The Impact of Ranking Systems on Higher Education and Its Stakeholders[J]. Journal of Institutional Research,2007(1).

[57] L·克罗克,J 阿尔吉纳.经典和现代测验理论导论[M]. 金瑜,等译.上海:华东师范大学出版社,2004.

[58] 董业军.我国地方高校招生计划地区分配模型指标体系研究[J].华东师范大学学报(教育科学版),2012(4):31-36.

[59] E Hazelkorn. Rankings and the Battle for World Class Excellence: Institutional Strategies and Policy Choices[J]. Higher Education Management and Policy, 2009(1).

[60] 熊万曦.德国 CHE 大学排名及其启示[J].比较教育研究,2008(9):40-45.

[61] 武书连.挑大学 选专业：2008 高考志愿填报指南 [M].北京:中国统计出版社,2008.

[62]邱均平,赵蓉英,谭春辉,等.中国大学及学科专业评价报告（2010—2011）[M].北京:科学出版社,2010.

[63] 河北省教育考试院.河北省普通高校招生报考指南[M].北京:学苑出版社,2013.

[64] 李兴国,赵晓冬.教育部直属财经类高校的学科发展策略——基于学科评估的视角[J].黑龙江高教研究,2014(7):56-59.

[65]倪瑞,胡忠辉,燕京晶.基于 ESI 的国内外部分高校理学学科发展比较研究[J].学位与研究生教育,2011(5):32-38.

[66] 武书连.挑大学 选专业:2015高考志愿填报指南[M].北京:中国统计出版社,2015.

[67] 国务院印发《统筹推进世界一流大学和一流学科建设总体方案[EB/OL].(2015-11-05)[2015-12-09].http://www.gov.cn/xinwen/2015-11/05/content_5005001.htm.

[68] 肖珊.ESI 国际学科排行解读:迈向世界一流[N].武汉大学报.2013-05-24(2).

[69] 郑燕,杨颉.我国工科学科入围 ESI 世界前 1%的现状及发展趋势[J].高等工程教育研究,2014(6):35-39.

[70] 胡小华,程惠兰,刘建辉.基于 ESI 的国内 211 高校材料学科的评价研究[J].科技情报开发与经济,2014(21):146-149.

[71] 上海交大在新一轮学科建设中主动引入动态调整机制[EB/OL].(2015-06-03)[2015-12-12].http://news.sjtu.edu.cn/info/1023/612471.htm.

[72] 张伟,宋鹭.中国高校进入 ESI 前 1 %学科统计调查及对大陆高校学科建设的启示[J].清华大学教育研究,2011(6):36-45.

[73] 蒋笑莉,王征.研究型大学学科国际评估的探索与实践——以浙江大学为例[J].学位与研究生教育,2013(10):44-48.

[74] 朱允卫,易开刚.对进一步完善我国一级学科评估的若干思考[J].科研管理,2006(1):156-159.

[75] 教育部财政部国家发展改革委关于公布世界一流大学和一流学科建设高校建设学科名单的通知[EB/OL].[2017-09-21]http://www.moe. edu.cn/srcsite/A22/moe_843/201709/t20170921_314942.html

[76] 杨清华,孙耀斌.试论重点学科建设中的绩效评价[J].学位与研究生教育,2008(5):56-58.

[77] 牛艳梅,吴文清,贾锁堂.新学科目录下学科绩效评价指标体系的探讨[J].中北大学学报(社会科学版), 2012(1):52-56.

[78] 梁传杰.学科绩效评价方法的构建与应用[J].高教发展与评估,2010(4):36-44.

[79] 高伟,刘鑫渝.基于对偶 DEA 模型的学科建设效率测度研究[J].新疆师范大学学报(哲学社会科学版),2018(5):134-144.

[80] 高伟,刘鑫渝,官建成.基于 BCG 矩阵法的新疆高校重点学科建设水平测度研究[J].数学的实践与认识,2018(5):1-11.

[81] 姜华,刘苗苗,刘盛博.基于 ESI 数据库的我国“985 工程”高校一流学科评价研究[J].现代教育管理,2017(8):24-29.

[82] 马利凯.“双一流”视域下一流学科建设综合竞争力评价实证研究——基于波士顿矩阵和两因素聚类分析法[J].黑龙江高教研究,2017(7):63-65.

[83] 韩斌.新时代大学服务区域振兴路径浅析[J].中国高校科技,2018(8):4-6.

[84] 金保华,王英.地方高水平大学的发展战略研究[J].教育探索,2014(4):18-20.

[85] 陈杰,徐吉洪.高等教育强省视阈下的地方高水平大学建设[J].国家教育行政学院学报,2015(11):3-9.

[86] 周险峰,黄晓彬.地方高水平大学建设策略分析——以湖南“985”高校为例[J].当代教育论坛,2018(3):1-8.

[87] 谭光兴,王祖霖.处境与策略：“双一流”战略背景下地方高校的学科建设[J].国家教育行政学院学报,2017(8):53-58.

[88] 龚静,张新婷.地方高校“一流学科”的成长逻辑与路径探讨[J].贵州社会科学,2019(7):96-101.

[89] 杨超,徐天伟.“双一流”建设背景下地方高校学科建设的路径依赖及其破解[J].学位与研究生教育,2019(6):25-31.

[90] 吴海江,楼世洲.“入围或突围”:“双一流”建设背景下地方高校学科发展的挑战与应对[J].教育发展研究,2018(13):22-29.

[91] 黄彬,刘盾,谢春晓.“双一流”背景下地方高校学科建设:逻辑转向与路径选择[J].黑龙江高教研究,2019(8):1-5.

[92] 王超,樊媛,贾克斌,等.地方高水平大学建设一流学科的路径——以北京工业大学为例[J].教育研究,2018(8):153-157.

[93] 赵蓉英,张心源.“双一流”建设背景下中国高校人才与大学排名相关性分析——基于 RCCSE2017 年中国大学及学科专业评价报告[J].重庆大学学报(社会科学版),2018(3):117-127.

[94] 何伟光,李均.构建“大学进步排行榜”的定量研究——兼列 2015—2017 年中国大学进步排行榜前 50 名榜单[J].江苏高教,2017(8):18-22.

[95] 武书连,吕嘉,郭石林.2010 中国大学评价[J].科学学与科学技术管理,2010(4):5-13.

[96] 余小波,陈怀芳.国内大学排行指标体系设置理念的比较[J].高教发展与评估,2011(3):25-31.

[97] 胡德鑫.中国大学距离世界一流有多远——基于大学排名与学术竞争力的视角[J].现代教育管理,2017(3):16-23.

[98] 胡泽文,武夷山,袁军鹏.典型的高校排名做法与借鉴意义[J].高教发展与评估,2016(2):27-37.

[99]新华网.国家中长期教育改革和发展规划纲要(2010－2020 年) [EB/OL].(2010-02-28)[2010-07-29].http://www.news.xinhuanet.com/edu/2010-07/29/c_12389320.htm.

[100] 包海芹.原国防科工委属高校国内大学排名情况分析[J].黑龙江高教研究,2009(6):6-10.

[101] 学科评估工作简介[EB/OL].[2014-04-01]. http://www.cdgdc.edu.cn/xwyyjsjyxx/xxsbdxz/276985.shtml.

[102] 百度百科[EB/OL].[2014-04-01]. http://baike.baidu.com/link?url=Ro1Ti0keOrpODX7KpRdPBCT4lEwTGEmj5zZWqWXu_Mdak4Wh-2q9z9tVbBqtefCeqLD-VZYPgPRLXphhxNVgn.

[103] 韩欣汝.大学排行榜与我国高等教育发展[D].南京:南京信息工程大学,2012.

[104] 王长乐.试论理工科大学的人文学科发展策略[J].北京理工大学学报(社会科学版),2001(4):78-81.

[105] 司林波.地方重点理工科高校文科发展的特色及战略[J].国家教育行政学

院学报,2008(3):44-47.
[106] 程永波.基于核心竞争力的高校学科发展战略[J].现代教育科学,2010(1):69-71.
[107] 郑燕.中美一流大学理科发展状况比较研究[J].研究生教育研究,2012(4):86-90.
[108] 赵晓冬,李兴国."非211工程"全国重点大学生存现状与发展战略[J].长白学刊,2014(2):114-120.
[109] 李兴国.全国优秀博士学位论文校际与省际分布特征分析[J].教学研究,2014(2):25-27.
[110] 姚俊兰,魏雯婕,丁宁等.学科评估后我国一流大学的反应及应对[J].中国高等教育评估,2013(4):30-35.
[111] 郭德红.伦敦政治经济学院的办学特色[J].比较教育研究,2007(4):63-66.
[112] 何培,郑忠,何德忠等.C9 高校与世界一流大学群体学科发展比较——基于 ESI 数据库的计量分析[J].学位与研究生教育, 2012(12):64-69.
[113] 张莉莉,李兴国.我国省属高校 ESI 世界前 1%学科分布特征及发展策略[J].现代教育管理,2016(6):38-45.
[114] 杨卫平.生命科学的重要性日益增强[EB/OL].(2009-03-24)[2017-06-18].http://scitech.people.com.cn/ GB/9013423.html.
[115] Sonja Pullen, Katharina Brinkert. SolEn for a Sustainable Future: Developing and Teaching a Multidisciplinary Course on Solar Energy To Further Sustainable Education in Chemistry[J]. Journal of Chemical Education, 2014,91(10).
[116] Robert Full, etal. Interdisciplinary Laboratory Course Facilitating Knowledge

Integration, Mutualistic Teaming, and Original Discovery[J]. Integrative & Comparative Biology, 2015, 55(5).

[117] Sombatsompop N, Markpin T, Yochai W, et al. An evaluation of research performance for different subject categories using Impact Factor Point Average (IFPA) index: Thailand case study[J]. Scientometrics, 2005, 65(3).

[118] R Williams, N V Dyke. Reputation and Reality: Ranking Major Disciplines in Australian Universities[J].Higher Education,2008,56(1).

[119] Kaur J, Radicchi F, Menczer F. Universality of scholarly impact metrics[J]. Journal of Informetrics, 2013, 7(4).

[120] 刘小强,孙桂珍."双一流"建设背景下地方高校学科建设的机制创新[J].学位与研究生教育,2017(11):30-33.

[121] 胡守忠,郑凌莺.基于价值管理地方高校重点学科建设评价研究[J].科研管理,2009(3):119-122.

[122] 郑凌莺,胡守忠,唐幼纯.基于 BSC 和 DHP 方法的地方高校学科评价[J].科技管理研究,2011(11):55-56.

[123] 李兴国.2002—2014年我国大学评价研究文献计量分析——基于17家高等教育中文核心期刊的发文统计[J].黑龙江高教研究,2016(6):16-19.

[124] 王伟伟.基于ESI的一流大学学科建设绩效及发展策略[J]. 黑龙江高教研究,2019(11):35-38.

[125] 李兴国,王伟伟.中国大学评价与ESI学科评价指标相关性的统计学检验[J].黑龙江高教研究,2018(7):49-52.